2021-2022
3e édition

L'essentiel

du

DROIT DES SOCIÉTÉS

David Calfoun

Gualino
un savoir-faire de Lextenso

LES CARRÉS

Cette collection de livres présente de manière synthétique, rigoureuse et pratique l'ensemble des connaissances que l'étudiant doit posséder sur le sujet traité. Elle couvre :

- le Droit et la Science Politique,
- les Sciences économiques,
- les Sciences de gestion,
- les concours de la Fonction publique.

David Calfoun est membre de l'Association nationale des conseillers financiers. Il dirige le Mastère Droit-Finance « double compétence » de l'Institut supérieur du droit où il enseigne notamment les fusions-acquisitions, la stratégie et le droit des sociétés. Il est également intervenant participatif à l'ISC Paris Business School.

Du même auteur, chez le même éditeur :

Collection « Carrés Rouge »

- L'essentiel du Droit des sociétés, 3e éd. 2021-2022.

Collection « En Poche »

- Les contrats spéciaux, 1re éd. 2020-2021.
- Droit des sociétés, 2e éd. 2021-2022.
- Les infractions en droit pénal des affaires, 2e éd. 2021-2022.
- Les infractions en droit pénal spécial, 1re éd. 2019-2020.

1, Parvis de La Défense
92044 Paris La Défense Cedex
ISBN 978-2-297-14011-9

PRÉSENTATION

Les lois n° 2019-486 du 22 mai 2019 relative à la croissance et la transformation des entreprises (dite *PACTE*) et n° 2019-744 du 19 juillet 2019 de simplification, de clarification et d'actualisation du droit des sociétés, continuent de produire des effets. Il est même possible de dire que le droit des sociétés est en perpétuel mouvement.

L'ouvrage reprend la dialectique de la première édition et continue de présenter les modifications légales et réglementaires opérées par ces lois et par les nouveaux textes prévoyant le cadre canonique de la matière. Vous trouverez donc ici les éléments « essentiels » des réformes et l'environnement juridique actualisé de la matière.

En outre, l'ouvrage s'efforce d'intégrer les nouveautés jurisprudentielles qui prennent en considération les nouvelles dispositions du Code de commerce ou tendent à analyser les dispositions antérieures à la lumière des modifications observées.

PLAN DE COURS

PLAN DE COURS

PARTIE 2
Les sociétés civiles

PARTIE 3

Les sociétés commerciales de personnes

PARTIE 4
Les sociétés commerciales de capitaux

PARTIE 5
Le statut hybride de la SARL

PARTIE 6
Règles générales relatives à la dissolution

Abréviations

AFNOR	Association française de normalisation
AGE	Assemblée générale extraordinaire
AGO	Assemblée générale ordinaire
AMF	Autorité des marchés financiers
APE	Activités principales exercées
BIC	Bénéfices industriels et commerciaux
BNC	Bénéfices non commerciaux
BODACC	Bulletin officiel des annonces civiles et commerciales
C. civ.	Code civil
C. com.	Code de commerce
C. mon. fin.	Code monétaire et financier
CA	Chiffre d'affaires
Cass. com.	Cour de cassation, chambre commerciale
CFE	Centre de formalité des entreprises
CGI	Code général des impôts
DG	Directeur général
EBITDA	*Earnings before interest, taxes, depreciation, and amortization*
ETUI	*European Trade Union Institute*
EURL	Entreprise unipersonnelle à responsabilité limitée
FIA	Fonds d'investissement alternatif
HT	Hors taxes
INSEE	Institut national de la statistique et des études économiques
IR	Impôt sur le revenu
IS	Impôt sur les sociétés
JO	Journal officiel de la République française
LME	Loi de modernisation de l'économie
LRAR	Lettre recommandée avec avis de réception
NAF	Nomenclature des activités françaises
OPA	Offre publique d'achat (ou d'acquisition)
PACTE	Plan d'action pour la croissance et la transformation des entreprises
PAS	Prélèvement à la source
PCG	Plan comptable général
PDG	Président-directeur général
PFU	Prélèvement forfaitaire unique

RCS	Registre du commerce et des sociétés
S.	*Recueil Sirey*
SA	Société anonyme
SARL	Société à responsabilité limitée
SAS	Société par actions simplifiée
SASU	Société par actions simplifiée unipersonnelle
SC	Société civile
SCA	Société en commandite par actions
SCCV	Société civile de construction vente
SCI	Société civile immobilière
SCM	Société civile de moyens
SCP	Société civile professionnelle
SCPI	Société civile de placement immobilier
SCS	Société en commandite simple
SE	Société européenne
SEL	Société d'exercice libéral
SELAFA	Société d'exercice libéral à forme anonyme
SELARL	Société d'exercice libéral à responsabilité limitée
SELAS	Société d'exercice libéral par actions simplifiée
SIRENE	Système informatique pour le répertoire des entreprises et des établissements
SNC	Société en nom collectif
SPEL	Service de publication en ligne
TTC	Toutes taxes comprises
TVA	Taxe sur la valeur ajoutée

Introduction

1 Distinction entre entreprise et société

À tort, les notions d'entreprise et de société sont très souvent confondues :

- une entreprise se définit – économiquement plus que juridiquement – comme une unité de production de biens ou de services. Une entreprise existe donc sans statut ni encadrement, bien qu'elle nécessite une fondation organisationnelle ;
- une société, à l'inverse, est une personne morale qui naît (en principe) par la rédaction d'un contrat (un acte) conclu entre (en principe) deux ou plusieurs personnes, qui décident de mettre en « commun » des actifs (biens mobiliers ou immobiliers, activités, connaissances, etc.) dans le but de partager des profits et supporter les charges se dégageant de l'activité de la société.

> La société créée de fait est une exception au principe de la création d'une société par un acte juridique. La société est « créée » par le comportement (positif ou abstentionniste) d'un ou des futurs actionnaires (associés) de la structure « créée de fait » (v. *infra*).
>
> En outre, il est éventuellement possible, depuis la loi n° 85-697 du 11 juillet 1985 et la loi n° 2008-776 du 4 août 2008 de modernisation de l'économie (dite « loi *LME* »), de créer une société avec un associé unique (v. *infra*). Il est alors question de société « unipersonnelle ».

La notion d'« entreprise » n'est toutefois pas totalement étrangère du droit. Elle est souvent utilisée par des textes normatifs. Par exemple, en matière de concurrence, le traité sur le fonctionnement de l'Union européenne (TFUE) fait systématiquement référence aux règles applicables aux « ***entreprises*** ». En droit interne, l'entreprise est évoquée dans le Code du travail ainsi que dans le Code général des impôts. Dans le Code de commerce ; en revanche, l'« entreprise » en tant que telle n'existe pas. Seul le « ***commerçant*** » (C. com., art. L. 121-1) est mentionné. Lorsque l'« entreprise individuelle » (terme doctrinal) est évoquée, c'est à l'« entrepreneur individuel » que le Code de commerce fait référence.

En revanche, pour traiter des difficultés rencontrées lors de l'exercice d'une activité économique, le Code traite des « ***difficultés des entreprises*** ». Il semble donc exister une timide conception juridique de la notion d'entreprise.

La loi *LME* a donné une définition juridico-économique de l'entreprise comme étant « la plus petite combinaison d'unités légales qui constitue une unité organisationnelle de production de biens et services jouissant d'une certaine autonomie de décision, notamment pour l'affectation de ses ressources courantes ».

2 La société : un contrat et un outil

La société est donc la transposition juridique de la notion économique d'entreprise. Ayant une portée agricole, artisanale, commerciale ou libérale, l'entreprise, par sa taille et ses objectifs, demande de mobiliser différents moyens (financiers, humains, matériels et techniques).

Il existe toutefois des exceptions à ce principe. Une holding, par exemple, n'a pas de cœur de métier (aucune activité réelle). Elle est une structure (mère) permettant la centralisation de la gestion de différents actifs, ou de différentes activités, dans une seule main (créant ainsi un « portefeuille »).

Quoi qu'il en soit, le modèle sociétaire a émergé suite au besoin ressenti par les entrepreneurs d'étendre leur activité ou de se protéger. En effet, la plupart des sociétés, commerciales de surcroît, limitent la responsabilité de ses dirigeants (v. *infra*) en créant un ***patrimoine d'affectation*** qui distingue les biens personnels de l'entrepreneur de ceux affectés à l'unité de production économique. Cette nécessité s'est fait ressentir notamment après l'ère de l'industrialisation au XIXe siècle. De nouveaux risques « objectifs » sont nés, faisant peser sur les entreprises le poids d'une ***responsabilité objective***.

En outre, le développement d'une entreprise passe souvent par l'investissement. Ce dernier est facilité lorsque l'activité est exercée en forme sociétaire. Enfin, il convient de noter que la transmission d'une société est bien plus simple que la transmission d'une entreprise (qui n'a pas distingué son patrimoine et celui de la personne qui l'opère).

Il faut donc retenir ici que :

- la société est une structure juridique qui a été créée par l'accord des volontés de deux ou plusieurs associés (hors des cas de structures unipersonnelles consacrées par la loi) dans un but précis (v. *infra*) ;

– l'entreprise, quant à elle, représente l'activité économique générée par l'exercice professionnel d'un cœur de métier.

Ainsi, les sociétés proposent un environnement économique ***organisé***, propice à la réalisation des projets sociaux prévus par ses créateurs : les ***associés***.

3 Sociétés civiles et sociétés commerciales

La loi n° 66-537 du 24 juillet 1966 sur les sociétés commerciales a posé une distinction élémentaire entre les sociétés civiles et les sociétés commerciales.

Son article premier est désormais inscrit à ***l'article L. 210-1 du Code de commerce***. Il dispose que le « caractère commercial d'une société est déterminé par sa forme ou par son objet. Sont commerciales à raison de leur forme et quel que soit leur objet, les sociétés en nom collectif, les sociétés en commandite simple, les sociétés à responsabilité limitée et les sociétés par actions ».

En principe et par exclusion, toutes les sociétés non-commerciales sont des sociétés civiles et leur activité ne doit être que civile. Les sociétés civiles sont obligatoirement des sociétés de personnes alors que les sociétés commerciales peuvent en revanche ***être de personnes ou de capitaux***.

Le choix d'une forme sociale est en principe libre, sauf lorsque la loi impose une forme pour exploiter une activité. C'est le cas de certaines activités purement civiles (artistiques, éducatives ou artisanales). En revanche, les professions libérales (avocats, notaires, experts-comptables, médecins, architectes, etc.) bénéficient d'autorisations pour exercer leur activité via des statuts particuliers (SCP, SEL – SELARL, SELAFA ou SELAS –, SCM, etc.).

■ *Classification des types de sociétés*

La première distinction opérée par la loi – pénale notamment – et par la doctrine s'établit autour ***des risques*** que la forme sociale fait encourir à ses associés (qui ont parfois la qualité de dirigeant).

Le type de la société a également une incidence sur le régime fiscal applicable à cette dernière et sur sa transmission future.

Enfin, la classification varie en fonction ***des objectifs que la société poursuit***, ainsi qu'à ***l'importance de la « personnalité »*** des associés.

Deux types de sociétés existent :

Les sociétés de personnes	– Les sociétés de personnes sont des sociétés à risque ***illimité***. Les associés sont ***personnellement*** (sur leur patrimoine propre) ***et indéfiniment responsables*** des pertes subies par la société. – Dans les sociétés de personnes, la personnalité des associés (l'*intuitu personæ*) est particulièrement importante, au point qu'elle peut être déterminante dans la volonté de s'associer. En effet, les droits sociaux sont représentés par des parts sociales non cessibles librement. – Toutefois, dans les SCPI, qui sont des sociétés civiles (v. *infra*), la personnalité des associés peut être subsidiaire.
Les sociétés de capitaux	– La caractéristique fondamentale d'une société de capitaux est son risque limité. – Les associés ne sont responsables qu'***à hauteur*** (*à concurrence*) de leurs apports. De ce fait, la personnalité des associés est souvent indifférente ou secondaire, et les droits sociaux sont formalisés par des actions. – Enfin, les sociétés de capitaux sont souvent choisies pour leur fiscalité, ainsi que pour les capacités diversifiées de financement qu'elles accordent.

Il existe une troisième catégorie ***hybride*** de sociétés : ce sont les EURL et les SARL. Au sein de ces structures, l'*intuitu personae* existe mais il n'est pas forcément déterminant dans la volonté de s'associer.

Il permet dans une moindre mesure de financer des projets. Toutefois, la limitation du nombre d'associés posée par le Code de commerce fait que la société ne présente pas les possibilités offertes par les sociétés de capitaux (dont notamment la SA et la SCA qui peuvent ***faire admettre*** leurs titres sur des marchés réglementés, et la SAS qui peut, en respectant certaines conditions, réaliser *des **émissions de valeurs mobilières***).

■ *Critères de commercialité d'une société*

Il convient de déterminer quels sont les critères qui permettent de définir le caractère « ***commercial*** » d'une société. Les sociétés sont commerciales par énumération légale ou parce que leur objet les rend commerciales (quand elles « réalisent » ***des actes de commerce***).

Parallèlement, ***il n'y a pas de société civile par la forme***. Le Code civil rappelle qu'ont « le caractère civil toutes les sociétés auxquelles la loi n'attribue pas un autre caractère à raison de leur forme, de leur nature, ou de leur objet » (C. civ., art. 1845). Deux listes exhaustives, détaillant les actes rendant une société commerciale par objet, sont dressées aux ***articles L. 110-1 et L. 110-2 du Code de commerce***. Ainsi, des sociétés civiles d'apparence peuvent donc être commerciales par leur ***objet***. En d'autres termes, ***la « forme » d'une structure sociale d'apparence commerciale ne détermine pas son objet et donc son régime***.

Actes tendant à rendre commerciale une société

En vertu de l'article L. 110-1 du Code de commerce	– Tout achat de biens meubles pour les revendre, soit en nature, soit après les avoir travaillés et mis en œuvre. – Tout achat de biens immeubles aux fins de les revendre, ***à moins que l'acquéreur n'ait agi en vue d'édifier un ou plusieurs bâtiments et de les vendre en bloc ou par locaux***. Dans ce cas, une SCI continuerait d'être considérée comme civile (*Cass. com., 13 nov. 2007, n° 06-17823*).
	– Toutes opérations d'intermédiaire pour l'achat, la souscription ou la vente d'immeubles, de fonds de commerce, d'actions ou parts de sociétés immobilières. – Toute entreprise de location de meubles. – Toute entreprise de manufacture, de commission, de transport par terre ou par eau. – Toute entreprise de fournitures, d'agence, de bureaux d'affaires, d'établissements de ventes à l'encan, de spectacles publics. – Toute opération de change, de banque, de courtage, d'activité d'émission et de gestion de monnaie électronique et tout service de paiement. – Toutes les opérations de banques publiques.
En vertu de l'article L. 110-2 du Code de commerce	– Toute entreprise de construction, et tous achats, ventes et reventes de bâtiments pour la navigation intérieure et extérieure. – Toutes expéditions maritimes. – Tout achat et vente d'agrès, apparaux et avitaillements.

En revanche, une société à objet civil mais avec ***une forme commerciale*** (lorsque c'est autorisé par la loi) ***demeure est une société commerciale***. C'est par exemple le cas des sociétés commerciales dites « foncières » (dont l'objet est pourtant la constitution, la gestion et l'exploitation d'un portefeuille immobilier).

Le Code de commerce indique que « le caractère commercial d'une société est déterminé par sa forme [...] Sont commerciales à raison de leur forme et quel que soit leur objet, ***les sociétés en nom collectif, les sociétés en commandite simple, les sociétés à responsabilité limitée et les sociétés par actions*** » (C. com., art. L. 210-1). La détermination du ***caractère commercial*** d'une société permet, notamment, de déterminer quelle juridiction sera compétente lorsqu'elle sera en situation contentieuse.

En principe (sauf application d'un régime procédural caractéristique), en cas de litige avec une société civile, les juridictions civiles seront compétentes, alors qu'avec une société commerciale,

le tribunal de commerce sera compétent. La chambre commerciale de la Cour de cassation a eu l'occasion de se prononcer sur cette question en rappelant que lorsque deux sociétés commerciales – par la forme ou par leur objet – sont en conflit, le tribunal de commerce est compétent pour juger du litige qui les oppose (*Cass. com., 10 mars 1998, n° 95-21580*).

Il est approprié de rappeler qu'une des règles fondamentales du droit commercial ***est la preuve facilitée et rapportable par « tous moyens » devant une juridiction commerciale*** (*C. com., art. L. 110-3*).

Récapitulatif

<table>
<tr><td>Principales sociétés civiles</td><td colspan="3">– Les sociétés civiles immobilières (SCI)
– Les sociétés civiles de moyen (SCM)
– Les sociétés civiles professionnelles (SCP)</td></tr>
<tr><td rowspan="3">Sociétés commerciales</td><td rowspan="2">Par la forme</td><td>De personnes</td><td>– Les SNC
– Les SCS</td></tr>
<tr><td>De capitaux</td><td>– Les SA
– Les SCA
– Les SAS
– Les SARL (étant cependant un régime hybride avec des parts sociales non librement cessibles, un nombre maximum d'associés [100] et souvent un intuitu personae marqué)</td></tr>
<tr><td>Par leur objet</td><td colspan="2">– Les sociétés en participation
– Les sociétés civiles à objet commercial (qui perdent leur personnalité morale). Ce fut le cas d'une SCI ayant pour but original la construction mais étant passée dans la vente de terrains non bâtis (Cass. 3e civ., 18 févr. 2009, n° 08-12490)</td></tr>
</table>

Enfin, si les sociétés civiles sont encadrées par Code civil, il pèse sur celles ayant un objet commercial une très grande incertitude. ***Une telle structure semble être assimilée à une société en participation*** (régie par les articles 1871 à 1873 du Code civil). Cette orientation ayant été établie depuis un arrêt de principe du 5 juillet 2000 (*Cass. 3e civ., 5 juill. 2000, n° 98-20821*), les juridictions doivent s'attacher non pas à l'objet social de la société civile mais bien ***à son activité réellement exercée***. Le passage d'une société d'apparence civile à une société commerciale par son objet emporte toutes les conséquences prévues par le Code civil (notamment sa perte de personnalité juridique et la responsabilité illimitée des associés).

PARTIE 1

Règles générales de création et de fonctionnement d'une société

Cette partie est fondamentale. Elle est le socle de la présente étude mais n'est pas son cœur. Elle sert de base pour comprendre les règles spécifiques à chaque société. Elle est en outre d'autant plus importante à l'heure actuelle car elle a été profondément modifiée.

Chapitre 1

La création de la société

Les contrats de société doivent respecter des règles de fond et de forme. Comme tous les contrats, la « société » n'est pas exempte du respect du droit commun des contrats. Le contrat de société connaît toutefois des règles spéciales qui lui sont propres et parfois dérogatoires.

1 Les obligations relatives au droit commun des contrats

Depuis la réforme du droit des obligations introduite par l'ordonnance n° 2016-131 du 10 février 2016, et entrée en vigueur le 1er octobre 2016, trois conditions (contre quatre avant l'entrée en vigueur du texte), sont nécessaires pour ***valider*** le contrat de société, conformément au ***nouvel article 1128 du Code civil***.

■ Le consentement

Le ***consentement*** des parties doit avoir été donné de manière ***libre et éclairé***, c'est-à-dire sans avoir été vicié par un dol, fondé sur une erreur ou soustrait par un acte de violence.

■ La capacité à contracter

Les parties doivent avoir la ***capacité à contracter***. Le principe posé par le nouvel ***article 1145 du Code civil*** est que « toute partie personne physique peut contracter ». Néanmoins, l'article poursuit en rappelant que les personnes frappées d'incapacité légale ne peuvent pas contracter. La première des incapacités est la minorité. En effet, l'article 1146 du Code civil énonce le principe selon lequel « sont incapables de contracter, dans la mesure définie par la loi : 1° Les mineurs non émancipés ».

L'article 1146 du Code civil poursuit, sous son 2°, que « Les majeurs protégés au sens de l'article 425 » du Code civil (définissant « l'insanité d'esprit » posée par l'article 414-1) ne peuvent pas contracter. Il s'agit des personnes sous tutelle ou curatelle. Les personnes sous sauvegarde de justice ne sont pas directement concernées. En effet, le jugement de sauvegarde doit conférer expressément le pouvoir (de contracter) à un « mandataire spécial ». La sauvegarde étant une mesure temporaire, elle n'empêche pas le « majeur protégé » de s'engager.

Enfin, pour éviter les incertitudes et le manque de sécurité juridique liés à une incompréhension de l'énonciation légale relative à l'« objet social », le législateur est intervenu et est revenu sur l'alinéa second de l'article 1145 du Code civil. Ce dernier disposait jusqu'au 1er octobre 2018 que « la capacité des personnes morales, [était] limitée aux actes utiles à la réalisation de leur objet tel que défini par leurs statuts et aux actes qui leur sont accessoires, dans le respect des règles applicables à chacune d'entre elles ». Désormais, l'alinéa second de l'article 1145 du Code civil (issu de la L. n° 2018-287, 20 avr. 2018 ratifiant l'ord. n° 2016-131, 10 févr. 2016 portant réforme au droit des contrats) dispose que « la capacité des personnes morales est limitée par les règles applicables à chacune d'entre elles ».

La disposition touche directement les ***sociétés spéciales***, par « type ». Elle n'est que de « pure énonciation » et n'a plus vocation à s'analyser comme un principe de spécialité de la personne morale.

■ *Le contenu licite et certain du contrat de société*

Enfin, la troisième condition s'interprète comme une uniformisation du droit des obligations, retenant « ***un contenu licite et certain*** » (C. civ., art. 1128). Pour la Commission européenne, les contrats sont le « vecteur » des échanges économiques. Ainsi, la réforme de 2016 permettait au droit français de s'aligner sur les différentes législations continentales ayant trois conditions de validité.

2 Les conditions spécifiques aux contrats de société

Si les points précédemment évoqués sont essentiels, ils n'en demeurent pas moins ***généraux***. En effet, concernant le droit des sociétés, ils sont complémentaires car des règles spéciales ont vocation à s'appliquer.

L'article 1832 du Code civil pose ces règles spéciales en évoquant que « la société est ***instituée*** par deux ou plusieurs personnes qui conviennent par un contrat ***d'affecter à une entreprise commune des biens ou leur industrie en vue de partager le bénéfice ou de profiter de l'économie qui pourra en résulter***.

Elle peut être ***instituée***, dans les cas prévus par la loi, par l'acte de volonté d'une seule personne.

Les associés s'engagent à contribuer aux pertes ».

Ainsi, doivent être détaillés les types d'apports, le partage des bénéfices et la contribution aux pertes, ainsi que la présence nécessaire d'un *affectio societatis* ; qui sont les quatre éléments « constitutifs » d'une société.

Cet ouvrage ne se veut pas « archéologue » du droit des sociétés, mais bien plus ***pragmatique***. Ainsi, il est coutume de s'intéresser au ***statut*** de la société (contractuel ou institutionnel).

Il convient ici simplement, en faisant émerger les tenants et les aboutissants, de conclure qu'une société est :

– ***tantôt un contrat*** (par rapport à sa création) ;

– ***tantôt une institution*** (relativement à son évolution, sa pérennisation et les réglementations économiques auxquelles elle est susceptible d'être soumise).

■ *Les apports*

Condition spécifique relative au droit des sociétés, les « apports » sont des composantes indispensables au contrat de société, et donc à la réalisation de sa création. L'associé sera « débiteur envers la société de tout ce qu'il a promis de lui apporter ***en nature***, ***en numéraire*** ou ***en industrie*** » (C. civ., art. 1843-3). Ainsi, l'apport est souvent l'indicateur principal qui permet de qualifier la ***volonté de s'associer*** à un projet commun.

En numéraire	– L'apport en numéraire est également nommé « apport en argent » : il s'agit d'une ***somme*** injectée par l'associé en vue de financer l'activité économique de la société. C'est l'apport le plus couramment réalisé, notamment dans les sociétés commerciales. – L'apport passe par une ***souscription*** (une promesse de verser l'argent) avant d'être libéré ; la ***libération*** correspond au paiement et à l'utilisation du capital par la société ; la libération est propre dans chaque type de société (v. *infra*). – Les apports en numéraire et les biens en nature (lorsqu'ils sont évalués à leur valeur intrinsèque) forment le « ***capital social*** » de la société. En revanche, les avances et crédits faits par les associés à la société sont des ***apports en comptes courants d'associés*** et n'entrent pas dans la valorisation du capital social.
En nature	– Par définition négative, les apports en nature sont ***tous les apports évaluables autres que l'argent*** ; ils représentent notamment tous les biens : • ***corporels*** : meubles (divers : véhicules, marchandises, ordinateurs, machines, etc.), fonds de commerce en totalité (*Cass. 1re civ., 27 mai 2010, n° 09-11894*) ou immeubles (bureaux,

	usines, entrepôts, forêts, terrains à bâtir, etc.), • ***incorporels*** : brevets, marques, logiciels, droit au bail, créances, nom commercial, enseigne, nom de domaine internet, etc. – Les apports en nature peuvent être libérés immédiatement après leur réalisation. En effet, un arrêt visé de l'***article 1873 du Code civil*** (relatif aux sociétés créées de fait) va dans ce sens (*Cass. com., 4 mai 1981, n° 78-15882*). – L'article 1843-3 du Code civil énonce que l'apport en nature peut être : • ***en pleine propriété***, avec transfert définitif de propriété d'une personne A (physique ou morale) à la société nouvellement créée, • ***en usufruit***, par concession pour les besoins de l'activité, • ou ***en jouissance***, par mise à disposition temporaire du bien. – Le titre IX du Code civil rappelle également que : • le transfert des droits associés à la chose transmise a pour conséquence que ***l'apport en nature soit garanti à la société comme dans une vente***, • ***certains apports*** (tels que les immeubles) ***donnent lieu à une publication***, • enfin, l'apport d'une créance doit respecter les exigences du ***nouvel article 1381 du Code civil***.
En industrie	– L'apport en « industrie » est l'apport en « savoir-faire » ; il représente les ***connaissances techniques*** qu'un associé met à disposition d'une société. – L'apport en industrie est autorisé dans les SARL depuis 2001 et depuis la loi n° 2008-776 du 4 août 2008 dans les SAS. Depuis la suppression du capital minimum, les SAS peuvent émettre des « actions inaliénables résultant d'apports en industrie » (C. com., art. L. 227-1). – La loi du 19 juillet 2019 a toutefois supprimé une partie de l'alinéa 4 de l'article L. 227-1 du Code de commerce relatif à l'***évaluation obligatoire à terme défini*** des actions représentant des apports en industrie. Désormais, afin de réduire les coûts pesant sur les « petites SAS » (*Rapport n° 657 du Sénat, 1er juin 2016*), l'évaluation des apports en industrie n'est plus obligatoire (à la constitution ou au cours de la vie sociale). – Les apports réalisés en industrie ouvrent droit au partage des bénéfices et de l'actif net mais n'entrent pas dans l'évaluation et la composition du capital social (C. civ., art. 1843-2). – Les apports en industrie semblent, depuis une vingtaine d'années, trouver beaucoup d'intérêt auprès des entrepreneurs qui considèrent le travail, le crédit commercial et les connaissances apportées comme étant une ***survaleur*** économique (v. *infra*).

En cas de litige avec les autres associés de la société nouvellement créée, conformément à ***l'article 1843 du Code civil***, c'est au demandeur d'apporter « la preuve de la réalité [des] apports et versements » réalisés dans la structure.

Les apports ont une conséquence économique : ils permettent à la nouvelle société de se financer, ou de disposer des moyens (des biens) nécessaires à la réalisation de son objet social. En outre, l'***article 1843-2 du Code civil*** dispose que « les droits de chaque associé dans le capital social sont proportionnels à ses apports lors de la constitution de la société ou au cours de l'existence de celle-ci ». Ils confèrent ainsi, une ***utilité juridique*** qui permet aux associés de faire valoir leurs droits sociaux (droit de vote dans les assemblées et droit au partage des bénéfices) – comme l'a retenu la Cour de cassation, pour qui l'apport ***confère la qualité d'associé*** et permet la ***participation aux assemblées*** (*Cass. com., 20 sept. 2016, n° 14-28107*).

Un aspect économique de la théorie générale des apports en société

Influencé par l'École économique des ***physiocrates***, représentée par Vincent de Gournay et la fameuse maxime « laissez-faire, laissez-passer », Adam Smith a théorisé, en fondant l'École classique, trois « ***facteurs de production*** ». Parmi eux sont restés le capital et le travail.

C'est pourquoi, que cela soit dans le processus de création de biens (conceptualisation et industrialisation), ou dans la mise en œuvre de services (« prestations de travail »), devaient « coexister » le capital et le travail. Ces éléments sont ceux qui imprègnent la doctrine juridique française et le Code civil. Le capital n'est autre que le patrimoine affecté à la réalisation de l'activité économique par les associés via des apports en numéraire ou en nature, là où le « travail » (ou capital humain) correspond aux apports en industrie.

La science économique a souvent attribué plus d'importance aux facteurs de production capitalistiques qu'à la « force » du travail (qu'il est possible de retrouver chez Karl Marx). Ainsi, c'est presque sans surprise que durant de nombreuses années, les apports en numéraires et en nature ont été bien plus valorisés que les apports en industrie. Toutefois, ces derniers connaissent nouvellement une recrudescence de popularité. Cela est dû aux « nouvelles » théories de la croissance économique qui considèrent l'entrepreneuriat, vecteur d'innovation, comme un « troisième » facteur de production. En outre, les théories modernes du capital « humain », renforcent la place juridico-économique de l'apport en industrie.

Enfin, l'apparition des sociétés à mission (v. *infra*) et l'épargne salariale, recentrent l'action sociale sur l'individu.

■ *Le partage des bénéfices et la participation aux pertes*

La « philosophie » de l'action sociale n'existe pas sans les notions de partage des bénéfices et des pertes (*Cass. com., 21 oct. 1970, n° 69-12269*).

Néanmoins, certains termes doivent nécessairement être définis pour comprendre la logique légale. Cela implique de nouveau un aspect économique du droit des affaires, et plus particulièrement du droit des sociétés, poussant à adopter une réflexion pluridisciplinaire.

Le bénéfice peut représenter diverses réalités et il est difficile d'en restituer une définition générique. Toutefois, le Code de commerce donne une définition intéressant le droit des sociétés, et qu'il faut retenir, selon laquelle « le bénéfice ***distribuable*** est constitué par le ***bénéfice de l'exercice, diminué des pertes antérieures*** ainsi que des ***sommes à porter en réserve*** en application de la loi ou des statuts, et augmentées du report bénéficiaire » (C. com., art. L. 232-11) – le bénéfice distribuable étant la part venant enrichir le patrimoine d'un associé par des « dividendes » (des versements).

> La définition fiscale (CGI, art. 38) et la définition comptable (issue du PCG) intègrent des notions de mathématiques financières qui ne peuvent pas faire l'objet d'un développement ici. Toutefois, le lecteur intéressé pourra appréhender les notions d'EBITDA (étudiée en comptabilité) et de « bénéfice net » (énoncée par le Code général des impôts).

Ainsi, le Code civil dispose que « la ***part*** de chaque associé dans les bénéfices et sa contribution aux pertes se déterminent à proportion de sa part dans le capital social et la part de l'associé qui n'a apporté que son industrie est égale à celle de l'associé qui a le moins apporté, le tout sauf clause contraire » (C. civ., art. 1844-1).

Cependant, ***toutes les sociétés ne sont pas rentables***. C'est la raison pour laquelle, si le partage des bénéfices est l'***objectif élémentaire, décisif et attrayant*** menant à la création d'une société, il est contrebalancé par le ***risque de perte***. Ainsi, pour bien comprendre la logique derrière la « contribution » aux pertes, il est nécessaire de définir la notion de ***couverture***. En effet, la notion d'obligation aux dettes se distingue de la contribution aux pertes.

Partage des bénéfices	Contribution aux pertes
Se fait *via* un paiement de ***dividendes*** qui intervient à la suite de l'assemblée générale ordinaire (AGO) d'associés annuels ayant approuvé les comptes sociaux.	– Elle est relative à la période de liquidation de la société. – Elle marque les rapports internes entre associés qui devront « récupérer » leurs apports avec un bonus (ils seront plus riches) ou un malus (appauvris à la suite de leur investissement).
	Obligation aux dettes
	Ce sont les obligations envers les tiers créanciers de la société, nées de l'exploitation de l'activité professionnelle.

Enfin, relativement au partage des bénéfices, le cas des clauses léonines (« parts du lion », du latin *leo*) doit être évoqué.

Les clauses léonines sont de deux sortes (C. civ., art. 1844-1) :

- celles qui attribuent à un associé « ***la totalité du profit procuré par la société*** ou ***l'exonérant de la totalité des pertes*** » ;
- celles « ***excluant un associé totalement du profit*** ou ***mettant à sa charge la totalité des pertes*** ».

Les clauses léonines « ***sont réputées non écrites*** ». Est par exemple considérée comme léonine la clause qui assure à un acquéreur une part des bénéfices, tout en exonérant de contribution aux pertes le gérant de la société dont les titres faisaient l'objet d'une convention de cession (*Cass. 1re civ., 22 juill. 1986, n° 84-15177*). Ne revêt en revanche pas un caractère léonin la promesse unilatérale d'acquérir les titres d'une société à prix minimal lors d'une augmentation de capital (*Cass. com., 16 nov. 2004, n° 00-22713*).

Seule la clause prévoyant une promesse abusive sera inapplicable. Le contrat de société ***demeure entre les associés***. En effet, la clause contestée n'est pas l'« objet » ou désormais le « contenu » principal du contrat (*Cass. com., 18 oct. 1994, n° 92-18188, à propos d'une clause léonine dans une SNC*).

Notion de profitabilité
La réalisation de profits dans les sociétés est-elle toujours l'objectif principal ?

La réponse se doit d'être nuancée. De l'ère de l'industrialisation (fin du XVIIIe siècle) jusqu'à la fin du XXe siècle, la seule utilité d'une société était de générer du bénéfice. À un point tel que l'ancien Doyen de la Faculté d'économie d'Aix-en-Provence, Alfred Jourdan (reconnu comme une référence économique française), n'a pas hésité à affirmer : « économiste ou socialiste, il faut choisir ».

L'interprétation d'une nouvelle utilité de la société a été amorcée par la loi n° 78-9 du 4 janvier 1978 qui a introduit dans le Code civil (à l'article 1832) la possibilité de réaliser une éventuelle « économie », des gains « autres » que purement monétaires (*Cass. ch. réunies, 11 mars 1914, Caisse rurale de Manigod : DP 1914, 1, p. 257, note L. S.*).

En 1991, un arrêt de la chambre commerciale de la Cour de cassation retenait au visa de l'article 1382 (nouvellement numéroté 1240), que le partage des bénéfices n'est pas la condition essentielle du contrat de société (*Cass. com., 22 janv. 1991, n° 89-15725*). En l'espèce, l'associé minoritaire d'une SARL avait contesté la décision des associés majoritaires de ne pas verser de dividendes à la suite d'un exercice fructueux, alors que les réserves étaient suffisamment fournies.

Par la suite, ont été créées les sociétés coopératives d'intérêt collectif (L. n° 2001-624, 17 juill. 2001). La loi n° 2014-856 du 31 juillet 2014 relative à l'économie sociale et solidaire a autorisé, en outre, les ***sociétés commerciales à finalité sociale*** faisant primer l'Homme sur le capital (donc non nécessairement à la recherche du profit) à se créer.

Enfin, la loi *PACTE* prend la mesure de l'***intérêt social et environnemental*** du droit des sociétés en insérant dans l'article 1833 du Code civil un alinéa énonçant que la société est gérée en prenant en considération les « ***enjeux sociaux et environnementaux de son activité*** ». La loi *PACTE* a également créé le statut de « ***société à mission*** ».

■ *L'affectio societatis*

L'*affectio societatis* est « l'élément moral » du contrat de société. Il se traduit comme la « volonté de s'associer » ; afin de « collaborer » à la réalisation de l'objet social d'un « intérêt commun et sur un pied d'égalité » (*Cass. com., 3 juin 1986, n° 85-12118*).

Il a une place centrale dans la pratique du droit des sociétés puisqu'il « ne peut y avoir de société » sans *affectio societatis* (*CA Paris, 11 juill. 1951, S. 1953, 2, 81, note Dalsace*).

Néanmoins, la notion est vivement critiquée par la doctrine. Certains auteurs considèrent qu'à l'heure de l'apparition de la *Corporate governance*, impulsée par la loi Sarbanes-Oxley aux États-Unis et arrivée en France dans les années 2000, poussant à réguler par tous moyens possibles l'activité d'une entreprise, la notion n'a plus lieu d'être (l'égalité entre les associés étant une fiction). Parallèlement, une autre partie de la doctrine considère que la notion présente un caractère juridique incertain. Elle est donc de nature à créer un environnement économique instable juridiquement et donc insécuritaire pour les entrepreneurs.

À titre neutre, il convient d'attribuer au moins deux facultés à la notion :

- la première est de permettre au juge de garder un pouvoir d'appréciation souverain relatif à la volonté des parties, qu'il n'aurait pu avoir sans la largesse de la définition de l'*affectio societatis* ;
- la seconde, et c'est probablement sa fonction la plus importante, l'*affectio societatis* (au masculin), permet de distinguer le contrat de société d'autres contrats, dont notamment le ***mandat*** et la ***location-gérance*** (d'un fonds de commerce).

3 Les formalités de création

Les sociétés civiles et commerciales connaissent chacune des spécificités relatives à leur mode de création. Toutefois, certaines dispositions et procédures ***sont communes à toutes les sociétés***.

Les formalités de création d'une entreprise peuvent être facilitées par un dépôt de dossier, en ligne ou par voie postale, dans un CFE (centre de formalité des entreprises). Le dossier doit comporter certaines ***pièces***.

Jusqu'en 2023, les démarches relatives à la création, la modification ou la cession d'une activité se réaliseront, pour la plupart (du fait de la « facilité » offerte aux acteurs de la vie des affaires), auprès d'un CFE.

Il existe sept « réseaux » de CFE. La compétence d'un CFE est déterminée par un certain nombre de critères. Concernant ***les sociétés commerciales***, la ***chambre de commerce et de l'industrie*** (CCI) est compétente et agit en tant que CFE (C. com., art. R.123-3).

Le guichet « unique »

La ***suppression définitive*** des CFE demeure prévue pour 2023 (L. n° 2019-486, art. 1er). Ils seront remplacés par le « ***guichet unique*** » complètement dématérialisé ayant pour but de ***simplifier*** les formalités de création des entreprises. Cette plateforme devait voir le jour en janvier 2021 (L. n° 2019-486 ; art. 1er). Néanmoins, la mise en place a été plus laborieuse que prévu.

Tout d'abord, pour réaliser cet objectif, le ***1er août 2020***, est paru au JO un décret désignant ***l'Institut national de la propriété industrielle*** comme ***seul gestionnaire du guichet unique*** (D. n° 2020-946 du 30 juill. 2020).

Pour completer ce texte, le gouvernement à promulgué un nouveau décret **n° 2021-300, le 18 mars 2021.** Le texte prévoit l'ouverture du guichet unique avec un calendrier de **mise en œuvre progressif** dont la phase finale verra le jour **début 2022** et permettra un accès **généralisé à toutes les entreprises**.

Désigner un interlocuteur unique est une visée européenne. Depuis la ***directive UE/2006/123*** du 12 décembre 2006 relative aux services dans le marché intérieur, chaque État membre est tenu de disposer d'un organisme unique par l'intermédiaire duquel les entreprises pourraient accomplir toutes les procédures et formalités.

En 2010, une première plateforme « ***guichet-entreprises*** » avait été créée et servait de plate-forme « d'information » et « d'aide » à la création d'entreprise. Ce service avait vu le jour afin de répondre aux obligations posées par la directive UE/2006/123.

Par la suite, un arrêté du 22 avril 2015 avait « déplacé » le guichet-entreprises au sein du ministère de l'Économie. En attendant la création du guichet unique, le guichet-entreprises a permis le transfert aux CFE en 2020 de 177 436 dossiers, soit 44,23 % de plus qu'en 2019.

Le guichet-entreprises met également à disposition des entrepreneurs ***102 fiches d'information*** sur les activités réglementées en France et donne accès **à *2 000 dispositifs d'aides publiques*** « pour créer ou développer » une activité économique sur le territoire national.

Enfin, les CCI jouissent désormais du droit d'effectuer des missions de « nature concurrentielle » (L. n° 2019-486, art. 40) et plus seulement « marchande » (C. com., art. L. 710-1).

■ La rédaction des statuts

Les statuts sont communément désignés « ***pacte social*** » (à ne pas confondre avec le « ***pacte d'associés*** » [v. *infra*] qui permet d'organiser les rapports entre associés hors des statuts) car ils représentent ***la volonté des associés***.

La constitution d'une société (personne morale) nécessite un écrit : la rédaction de statuts. ***L'article 1835 du Code civil*** énonce que « les statuts doivent être établis par écrit [...] ». Les statuts sont identifiés comme le contrat de société. Toutefois, c'est une confusion que le Code civil opère car le contrat de société représente ***l'accord de volonté des associés***. L'absence de statuts d'une société commerciale caractérise l'absence d'existence de la société qui est alors considérée comme créée de fait avec toutes les conséquences que cela implique (v. *infra*).

Les statuts déterminent : les apports de chaque associé, la forme de la société, son ***objet social***, l'appellation, le siège social de la société, le montant du capital social et son découpage, la durée de la société et les modalités de son fonctionnement (C. civ., art. 1835).

La durée de vie d'une société ***ne peut excéder 99 ans*** (C. com., art. L. 210-2). Cette durée peut être prorogée (C. com., art. L. 210-6) autant de fois que les associés le décident ***régulièrement*** en assemblée générale extraordinaire (AGE).

Seule ***la signature des associés*** au bas du contrat de sociétés (des statuts) est ***nécessaire*** (*Cass. 1re civ., 27 janv. 1993, n° 91-12115*). Le principe de l'accord des volontés ne nécessite pas l'inscription, purement usuelle et sans portée, de la mention « lu et approuvé ».

La forme juridique d'une société est généralement précisée dans le premier article des statuts qui commence par la formule :

« Les associés désignés dans les présents statuts ont [lors de l'assemblée constitutive] créé [la SAS, la SARL, etc.] entre eux et les futures parties au contrat par souscription [de parts sociales ou d'actions]. La société est régie par les lois et règlements en vigueur [elle peut ou ne peut pas procéder à une offre au public de titre et/ou peut ou ne peut pas, offrir au public des titres financiers et/ou peut ou ne peut pas, être admise sur un marché réglementé] ».

L'objet social de la société doit être très précis, car il définit l'ensemble des activités que la société se propose d'exercer. Cela déterminera également sa classification au sein du code NAF (nomenclature des activités françaises) et du code APE (activités principales exercées). Dans certains cas, la forme sociale ne convient pas à l'activité (par rapport à son importance) ou l'activité fait l'objet d'une réglementation qui empêche sa création dans la forme choisie (et dans ce cas, la société est annulable).

La dénomination sociale contient le nom de la société, un nom commercial, ainsi qu'éventuellement un « sigle » raccourci avec lequel la société peut communiquer et être distinguée. Tout élément ***autre qu'un raccourci*** est systématiquement le fondement d'une décision de ***refus*** d'immatriculer de la part du tribunal de commerce.

Il est préférable (mais non nécessaire) que les statuts comprennent :

- un préambule, qui permet de déterminer, en cas de litige, la volonté première des parties au contrat de société ;
- une clause attributive de juridiction ;
- ainsi qu'un règlement intérieur (un code de conduite inhérent à la société). Ce dernier ne doit pas contrevenir à l'ordre public et doit respecter les bonnes mœurs (C. civ., art. 6).

Depuis le 23 mai 2019, l'article 1835 du Code civil prévoit que les statuts d'une société peuvent contenir une « raison d'être » (L. n° 2019-486, art. 169). La raison d'être constitue les « principes dont la société se dote et pour le respect desquels elle entend affecter des moyens dans la réalisation de son activité » (C. iv., art. 1835). La raison d'être est facultative. Toutefois, la loi PACTE a également reconnu officiellement la qualité de « société à mission » (L. n° 2019-486, art. 176).

Ces sociétés existent depuis plusieurs années dans les pays de droit anglo-saxon. Aux États-Unis par exemple, la réforme fiscale de 1969 a autorisé la création de sociétés à mission sociale qui ont été consacrées par le statut de « L3C » (*low-profit limited liability company*). Leur objectif est d'élargir la finalité principale de l'entreprise (réaliser du profit), en permettant de poursuivre un objectif d'intérêt général. Ces sociétés désormais prévues par l'article L. 210-10 du Code de commerce doivent faire mention expresse dans les statuts d'une raison d'être, et également créer un « comité de mission distinct des [autres] organes sociaux » (C. com., art. L. 210-10).

Decret n° 2021-669 du 27 mai 2021 & Arrêté du 27 mai 2021, NOR : ECOT2107159A

L'article L. 210-10 du Code de commerce impose cinq conditions (connues depuis le 24 mai 2019), afin qu'une société soit reconnue comme étant « à mission » et qu'elle puisse « publiquement [faire] état » de cette qualité sur son extrait de Kbis.

Outre avoir une raison d'être (i), la société doit également (ii) préciser dans ses statuts « un ou plusieurs objectifs sociaux et environnementaux [qu'elle] se donne pour mission de poursuivre dans le cadre de son activité » ; (iii) préciser dans ses statuts les « modalités du suivi de l'exécution de la mission » notamment par la mise en place d'un « comité de mission, distinct des organes sociaux [...] devant comporter au moins un salarié » ; (iv) faire vérifier, par un « organisme tiers indépendant », l'exécution des objectifs sociaux et environnementaux mentionnés dans ses statuts ; (v) et enfin, obligatoirement faire inscrire sa qualité au greffier du tribunal de commerce, qui la publie, sous réserve de la conformité de ses statuts.

Le comité de gestion mis en place devra présenter annuellement un rapport portant sur la poursuite de la mission par la société. Ce rapport est ensuite joint au rapport de gestion approuvé en assemblée générale ordinaire en parallèle des comptes de la société.

Le décret n° 2020-1 (du 2 janvier 2020) avait déterminé les modalités d'application du 4° de l'article L. 210-10 du Code de commerce en précisant le rôle de l'organisme tiers indépendant (OTI). Ce dernier devant être ***accrédité*** par le Comité français d'accréditation ou tout autre organisme d'accréditation signataire de l'accord de reconnaissance multilatéral établi par la coordination européenne des organismes d'accréditation, ***sans qu'il ne puisse s'agir d'un commissaire aux comptes*** (C. com., art. L. 822-11-3).

Le décret précisait également que l'organisme doit être désigné par l'organe en charge de la gestion au sein de la société pour une durée initiale de six exercices renouvelables (dans la limite d'une durée totale de douze exercices). L'organisme doit procéder, au moins tous les 2 ans, ***à la vérification de l'exécution des objectifs poursuivis par la société***. ***La première vérification a lieu dans les 18 mois suivant la publication de la déclaration de la qualité de société à mission*** au registre du commerce et des sociétés.

Pour délivrer l'avis mentionné au 4° de l'article L. 210-10, l'OTI a accès ***à l'ensemble des documents détenus par la société utiles à la formation de son avis***, notamment au rapport annuel mentionné au 3° de l'article L. 210-10.

Il procède à toute vérification au sein de la société qu'il estime utile et, avec leur accord, au sein des entités concernées par un ou plusieurs objectifs sociaux et environnementaux constitutifs de la mission de la société.

Enfin, l'OTI ***rend un avis motivé qui retrace les diligences qu'il a mises en œuvre*** et indique si la société respecte ou non les objectifs qu'elle s'est fixés.

Le gouvernement est venu préciser les « *diligences* » dont l'OTI devait **s'enquérir** :

« 1° examine[r] l'ensemble des documents détenus par la société, utiles à la formation de son avis, notamment les rapports annuels mentionnés au 3° de l'article L. 210-10 ;

2° interroge[r] le comité de mission ou le référent de mission sur son appréciation de l'exécution du ou des objectifs mentionnés au 2° de l'article L. 210-10 ainsi que, s'il y a lieu, les parties prenantes sur l'exécution du ou des objectifs qui les concernent ;

3° interroge[r] l'organe en charge de la gestion de la société sur la manière dont la société exécute son ou ses objectifs mentionnés au 2° de l'article L. 210-10, ***sur les actions menées et sur les moyens financiers et non financiers affectés, comportant le cas échéant l'application de référentiels, normes ou labels sectoriels formalisant de bonnes pratiques professionnelles, que la société met en œuvre pour les exécuter*** ;

4° [vérifier] l'existence d'objectifs opérationnels ou d'indicateurs clés de suivi et de mesures des résultats atteints par la société à la fin de la période couverte par la vérification pour chaque objectif mentionné au 2° de l'article L. 210-10. Le cas échéant, examine[r] par échantillonnage les procédures de mesure de ces résultats, en ce compris les procédures de collecte, de compilation, d'élaboration, de traitement et de contrôle des informations, et réalise[r] des tests de détails, s'il y a lieu, par des vérifications sur site ;

5° procède[r] à toute autre diligence qu'il estime nécessaire à l'exercice de sa mission, y compris, s'il y a lieu, par des vérifications sur site au sein de la société ou, avec leur accord, des entités concernées par un ou plusieurs objectifs mentionnés au 2° de l'article L. 210-10 » (C. com., art. A. 210-1).

Le gouvernement a également détaillé la forme de l'avis motivé que l'organisme tiers indépendant doit rendre. Ce dernier comprend :

« 1° La preuve de son accréditation ;

2° Les objectifs et le périmètre de la vérification ;

3° Les diligences qu'il a mises en œuvre [...] ;

4° Une appréciation, pour chaque objectif [...], depuis la dernière vérification ou, à défaut, depuis la date à laquelle les conditions prévues à l'article L. 210-10 ont été satisfaites :

5° [Ainsi] qu'une conclusion motivée, prenant en considération l'ensemble des éléments à sa disposition, pour déterminer si [...] : a) soit que la société respecte son objectif ; b) soit que la société ne respecte pas son objectif ; c) soit qu'il lui est impossible de conclure » (C. com., art. A. 210-2).

■ *La publicité*

La publicité est obligatoire pour toutes les sociétés commerciales (C. com., art. R. 210-4). Elle sert à informer le public (***les tiers***) que la société a été créée. La publicité légale, qui se distingue évidemment du « marketing » (la promotion commerciale), a également vocation à informer l'administration fiscale, les services statistiques de l'État, les salariés, les clients, les fournisseurs potentiels et les institutions financières (toutes les parties prenantes, les « *stakeholders* »). Elle donne des informations sur la ***forme***, le ***siège social***, la ***gérance*** (ou présidence et l'administration dans une SAS ou une SA), et la ***durée*** de la société.

Les formalités de publicité interviennent à la suite de l'assemblée générale constitutive de la société et ***précèdent l'immatriculation*** au RCS.

Les formalités sont réalisées sous la responsabilité des dirigeants ou représentants de la personne morale en création (toutes les personnes qui ont reçu pouvoir pour accomplir ces actes lors de l'AG). Il peut s'agir d'un associé.

L'annonce doit être publiée dans un ***journal d'annonces légales*** (JAL). Les annonces publiées dans les journaux habilités à recevoir les annonces légales sont désormais consultables dans une base de données numérique centrale : le portail de la publicité légale des entreprises (PPLE). Les annonces publiées par les journaux habilités doivent être transmises au PPLE, dans une version identique à celle publiée, pour une mise en ligne sous 7 jours maximum.

Le ***greffier*** qui reçoit ensuite le dossier d'immatriculation publie ***au niveau national***, dans les huit jours après l'***immatriculation*** (C. com., art. R. 123-155) la création dans le *Bulletin officiel* *des annonces civiles et commerciales* (***BODACC***). Enfin, il existe un troisième journal qui concerne les sociétés cotées qui doivent publier périodiquement leur situation financière. Il s'agit du *Bulletin d'annonces légales obligatoires* (***BALO***).

La publicité peut être réalisée n'importe quand (sauf pour les personnes physiques, qui ne disposent que de 15 jours après le début de l'activité). La loi est silencieuse sur ce point. La loi *PACTE* ***n'a également pas intégré de délai spécifique***. Toutefois, tant que les formalités ne sont pas effectuées, ***la société ne peut pas être enregistrée et immatriculée***. Ainsi, ***elle est créée de fait*** et engage personnellement et indéfiniment les associés pour les actes commis pour son compte.

L'annonce légale

Le décret n° 2019-1216 du 21 novembre 2019 relatif aux annonces judiciaires et légales prévoit les nouvelles règles que devront respecter les annonceurs afin de s'inscrire sur la « liste » des supports habilités à réaliser des annonces légales.

Seront notamment pris en compte :

– les minima de diffusion payante des publications de presse et des services de presse en ligne ;

– les minima de fréquentation des services de presse en ligne.

Ces seuils sont fixés par département par la préfecture de Région.

Une publicité dans un JAL doit être présentée comme suit (pour une création ou toute modification).

Par acte [authentique ou sous seing privé] du ....

il a été constitué .... [type de la société] :

DÉNOMINATION SOCIALE

Siège social : ....

Capital social : .... €
[ou 3 lignes avec un capital minimum et maximum si le capital est variable]

Objet [dans des termes compréhensibles] :

....

Gérance [ou présidence] : ....

Administrateur [pour une SA] : ....

Durée : ....

Commissaire aux comptes [si applicable] : ....

Immatriculée au RCS de .... [ville]

DÉNOMINATION SOCIALE

FORME, au capital de .... €

Siège social : ....

XXX XXX XXX [SIRENE] au RCS de ....

Le JJ/MM/AAAA, par AG
[Ordinaire/Extraordinaire/Spéciale]
a été décidé :

....

....

[motif détaillé de la publication]

....

[Si la publication est relative aux éléments essentiels, elle est similaire à celle de création]

L'immatriculation au RCS

L'article L. 123-1 du Code de commerce prévoit que ***toutes les sociétés commerciales*** doivent être immatriculées au registre du commerce et des sociétés (RCS), à défaut de quoi elles sont créées de fait. L'immatriculation doit se faire auprès du ***greffe du tribunal de commerce*** du ressort dans lequel se trouve le siège social de la société.

L'immatriculation au RCS coûte ***39,42 €***. L'immatriculation au répertoire des métiers (RM) ***coûte 60 €*** (ce chiffre étant soumis à variation en fonction des départements).

Les coûts moyens relatifs à la constitution d'une société, sauf variation départementale, sont aujourd'hui estimés par le ***ministère de l'Économie*** entre 300 € (pour une SNC, une SARL et une EURL) et 350 € (pour une SA ou une SAS). Ils comprennent l'immatriculation et les frais de publicité. La publication au *BODACC* est en revanche gratuite depuis 2005.

L'immatriculation donne « ***réellement*** » naissance à la société *via* une « carte d'identité » : ***l'extrait Kbis***. Il contient :

– ***les principaux éléments d'identification de la personne morale*** (numéro de SIRENE, date d'immatriculation, raison sociale, capital social, adresse du siège, numéro d'immatriculation, activités principales exercées, durée de la société) ;

– ***la gestion, la direction, l'administration, le contrôle, les associés*** (s'ils ont un rôle de direction, ***notamment dans les SARL***) ***et les membres*** (l'information donne le poste dans la structure, le nom, le prénom, la date et le lieu de naissance, l'adresse personnelle et la nationalité de la personne mentionnée) ;
– ***les renseignements relatifs à l'activité de l'établissement principal***.

La loi PACTE

La loi a prévu la création d'un « ***registre unique dématérialisé*** ». Il devait être instauré par ordonnance avant le mois de mai 2021 (L. n° 2019-486, art. 2). Néanmoins, le ministère de l'Économie a repoussé la naissance de ce régime à 2023 afin de le faire coexister avec le « guichet-unique » et les réseaux actuels.

Actuellement, outre le RCS, il existe 6 autres registres légaux (le registre de la batellerie artisanale, le registre de l'agriculture, le registre des actifs agricoles, le répertoire des métiers, le registre des agents commerciaux, le registre des EIRL).

L'objectif est de simplifier la vie des entreprises en évitant que certaines d'entre elles aient à s'enregistrer sur plusieurs registres (*Étude d'impact, op. cit., p. 53*) et donc à payer plusieurs cotisations.

Les registres SIRENE de l'INSEE n'ont été ni modifiés ni supprimés par la loi PACTE (L. n° 2019-486, art. 2).

Récapitulatif des étapes de création d'une société

– Rédaction des statuts
– Réalisation des apports

↓

– Pour les apports en numéraire auprès d'une banque, avec un notaire ou auprès de la Caisse des dépôts et consignations
– Recours à un commissaire aux comptes (CAC) si les apports en nature sont supérieurs à une certaine somme

↓

Publication dans un JAL

↓

– Dépôt des actes au greffe du tribunal de commerce
– Publication par le greffier au *BODACC*

↓

Enregistrement au RCS

Chapitre 2

Les effets de la création

La création d'une société emporte avec elle, un certain nombre de conséquences. Toutefois, le non-respect des formalités peut contrarier la création de la personne morale. Néanmoins, lorsqu'elles sont correctement immatriculées, les sociétés contraignent aux respects de certaines obligations.

1 Personnalité de la société

Lorsque la société ***existe***, pour la plupart des sociétés commerciales (à l'exception de la SNC), la naissance juridique a lieu au moment de l'inscription au RCS ; elle devient alors ***une personne morale***.

Cet événement a plusieurs conséquences. Tout d'abord, la société devient un ***sujet de droit*** (elle acquiert des droits et devient débitrice d'obligations). Elle obtient en ce sens la ***capacité*** juridique (le droit d'agir en justice et de contracter en son nom). Elle est également marquée par de nouvelles ***caractéristiques*** qui lui sont propres.

La principale spécificité de la personne morale est l'existence d'un ***patrimoine distinct et autonome*** de celui de ses associés. L'existence d'un patrimoine propre a deux effets principaux :

- il va tout d'abord permettre aux associés de ***contrôler*** l'utilisation du patrimoine par un dirigeant. En effet, un dirigeant se comportant avec « des biens ou du crédit » appartenant à la société se rendrait coupable d'un abus de biens sociaux ;
- il permet ensuite de ***bloquer*** un créancier personnel. Le « voile » social (expression utilisée par la doctrine anglo-saxonne pour marquer l'impossibilité de poursuivre un dirigeant ou un actionnaire sur ses biens personnels) ne permet en effet pas à celui-ci d'attaquer le patrimoine d'une personne physique.

D'autres caractéristiques peuvent être dégagées. La personne morale jouit d'un ***nom***. L'Institut national de la propriété industrielle (INPI) rappelle que le « nom » de la société est l'équivalent du nom de famille pour une personne physique. Le choix du nom est libre, à condition qu'il soit disponible. Le ***nom*** (plus précisément la ***dénomination sociale***) doit être différencié de l'enseigne, qui permet d'identifier géographiquement un ***établissement***.

Enfin, la société jouit également d'une ***nationalité*** et d'un ***siège social***. Souvent, les deux sont liés. En effet, le siège social, fixé par les statuts, détermine en principe la nationalité de la société, comme l'énonce le Code de commerce, selon lequel « les sociétés dont le siège social est situé en territoire français sont soumises à la loi française » (C. com., art. L. 210-3, al. 1).

Caractéristiques de la personne morale et conséquences				
Capacité juridique	**Patrimoine autonome et distinct**	**Nom**	**Nationalité**	**Siège social (« adresse »)**
– Droit de porter une action et de contracter – Obligation de répondre à des « devoirs » (v. *infra*)	– Protégeant la société des dirigeants mal intentionnés – Bloquant les créanciers des associés personnes physiques	***Distinguant*** la société	Les sociétés immatriculées en France sont régies par le droit français	Il est l'équivalent du domicile pour les personnes physiques

2 Nullité et société créée de fait

■ *Nullité de la société*

La nullité est en principe de nature ***rétroactive*** (C. civ., art. 1178), c'est-à-dire qu'elle produit des effets sur le passé (obligeant notamment à ***réaliser des restitutions***) et pour le futur, pouvant déboucher sur l'allocation de ***dommages-intérêts*** en cas de faute d'une partie envers ses cocontractants. Néanmoins, la nullité d'une société « met fin, ***sans rétroactivité***, à l'exécution du contrat » (C. civ., art. 1844-15). C'est la raison pour laquelle ***l'annulation du contrat de société est un cas très spécifique***. Il devrait être traité dans la partie relative aux dissolutions, puisque c'est l'***article 1844-7 du Code civil*** qui prévoit cette situation ayant pour sort de la société ***sa dissolution***. Cependant, la nature de l'action en nullité et ses ***conséquences précoces*** font qu'elle doit être traitée à la création de la personne morale.

La nullité ne peut être prononcée que lorsqu'elle est prévue par la loi (C. civ., art. 1844-10). Ainsi, seule une « violation des dispositions de l'article 1832 [...] et 1833, ou de l'une des causes de nullité des contrats en général », peut entraîner la nullité de la société.

Parmi les causes de nullité se trouvent donc :

- un ***manquement à l'une des quatre conditions constitutives du contrat*** (v. *supra*), définies par l'article 1832 du Code civil (par exemple, une SCA ne peut être formée qu'avec deux associés, le minimum étant de trois) ;
- un ***objet illicite*** (C. civ., art. 1833) ;
- l'***absence de consentement*** d'un des associés ou son absence de capacité à contracter (C. civ., art. 1128).

L'une des causes principales de nullité est le défaut d'*affectio societatis*. Dans ce cas, la société frappée est considérée « non existante » (*Cass. com., 16 juin 1992, n° 90-17237*).

Enfin, il est indispensable d'être particulièrement rigoureux sur le vocabulaire employé. La société qui sera frappée de nullité sera une société « ***de fait*** » et non une société « créée de fait ». La société frappée de nullité « ***survit*** » (*Cass. com., 15 nov. 1994, n° 93-12835*) et continue de produire certains effets envers les tiers, sur les engagements antérieurement pris de bonne foi, et entre les associés, « pour les besoins de la liquidation » (C. civ., art. 1844-8).

Sociétés créées de fait

La jurisprudence a établi une distinction entre les ***sociétés en formation*** et les sociétés « purement » créées de fait. Dans les premières, les actes effectués par les associés sont considérés comme « des actes préparatoires indispensables à la réalisation de l'objet social » (*Cass. com. 4 mai 1981, n° 78-15882*). Ainsi, dès lors que les formalités sont réalisées dans un ***délai raisonnable*** (*Cass. com., 4 déc. 2001, n° 617584*), les engagements pris par les associés au nom de la société sont repris par cette dernière. Ils n'entraînent donc pas la responsabilité des associés.

Les sociétés créées de fait en revanche, sont des « ***sociétés*** » dans lesquelles les associés ***n'ont pas accompli les formalités de création*** et n'avaient pas pour intention de le faire, tout en se ***comportant comme des dirigeants sociaux***. Plus exactement, en ayant réalisé des apports pour promouvoir un objet commun et dans le but de partager des bénéfices. C'est dans ce sens que la Cour de cassation avait retenu que l'achat en commun d'un ticket de loto qui repose sur des risques de perte et des chances de gain, dans le but de partager des bénéfices éventuels, était constitutif à la fois d'un apport et d'une volonté de s'associer (*Cass. 1re civ., 14 janv. 2003, n° 00-19984*). Toutefois, la plupart du temps, les associés n'ont pas désiré ou eu conscience du résultat.

Hormis certains cas issus du droit civil, la création d'une société créée de fait est une déchéance de l'immatriculation de la société. L'interprétation du comportement des dirigeants par le juge doit être méticuleuse et réalisée au cas par cas. Le Code civil traite des sociétés créées de fait sous le chapitre III (les sociétés « de participation ») du livre relatif aux sociétés. Le dernier article formule ainsi que les dispositions relatives à la société en participation « sont applicables aux sociétés créées de fait » (C. civ., art. 1873).

Régime de la société créée de fait	Les associés d'une société créée de fait sont responsables ***indéfiniment*** et ***solidairement*** des ***dettes*** contractées par la « société ».
	La société créée de fait est soumise à l'IR. Elle peut exceptionnellement remplir le formulaire Cerfa n° 11924*01 (dit « F ») afin d'obtenir le droit d'être taxée au niveau social à l'impôt sur les sociétés (IS). Néanmoins, le formulaire ne prouve pas l'existence d'une société et la société demeure « créée de fait ».
	Les associés sont affiliés au régime social des travailleurs non-salariés.
	En cas de ***dissolution*** d'une société créée de fait, les associés doivent apporter la preuve de la présence dans leur relation des éléments constitutifs du contrat de société (v. *supra*).

3 Certaines obligations légales importantes d'une société commerciale

■ Obligations comptables

De nouveau, être précautionneux avec le lexique employé en matière de droit des sociétés est ***indispensable***. Lorsque le Code de commerce traite des « obligations comptables » (C. com., art. L. 123-12 et s.), ce n'est pas aux « règles comptables » mais à l'« ***obligation légale*** » de tenir une comptabilité qu'il fait référence.

Le Code de commerce impose que « les comptes annuels doivent être réguliers, sincères et donner une image fidèle du patrimoine, de la situation financière et du résultat de l'entreprise » (C. com., art. L. 123-14).

L'obligation légale de tenir une comptabilité est née à l'initiative de Colbert (qui fut contrôleur général des finances), dans un objectif de gestion et d'information. Il a imposé aux commerçants de tenir des ***mémoires de chiffres***. L'ordonnance a été publiée sous forme d'un édit royal signé par Louis XIV en mars 1673. Elle est également étiquetée « Code Savary », du nom de son principal rédacteur, Jacques Savary. Cette obligation a été reproduite par le Code de commerce de 1807. Aujourd'hui, les sociétés doivent répondre de loi n° 83-353 du 30 avril 1983, dite « ***loi comptable*** », et du décret n° 83-1020 du 29 novembre 1983, dit « ***décret comptable*** ». Ces textes ont été actualisés à de nombreuses reprises.

Les ***articles 123-12 et suivants du Code de commerce*** sont tournés vers « le commerçant » et les entreprises individuelles. Ce sont des règles « simplifiées ». Concernant les ***sociétés commerciales, les règles sont renforcées*** ; elles se trouvent au chapitre II du titre III du Code de commerce, « Des comptes sociaux ».

Les sociétés commerciales doivent respecter les obligations comptables communes posées par le Code de commerce, à savoir :

- « procéder à l'enregistrement comptable des mouvements affectant le patrimoine de son entreprise [...] contrôler par inventaire, au moins une fois tous les 12 mois, l'existence et la valeur des éléments actifs et passifs du patrimoine de l'entreprise [...], établir des comptes annuels à la clôture de l'exercice au vu des enregistrements comptables et de l'inventaire, [qui] comprennent le bilan, le compte de résultat et une annexe, qui forment un tout indissociable » (C. com., art. L. 123-12) ;
- tenir un livre-journal, exposant « les mouvements affectant le patrimoine de l'entreprise, [...] enregistrés opération par opération et jour par jour » (C. com., art. R. 123-174) ;
- tenir un grand livre, reprenant « les écritures du livre-journal [...] ventilées selon le plan comptable » (C. com., art. R. 123-175) ;
- tenir un livre d'inventaire, relevant « tous les éléments d'actif et de passif au regard desquels sont mentionnées la quantité et la valeur de chacun d'eux à la date d'inventaire » (C. com., art. R. 123-177).

Les sociétés commerciales doivent en plus :

- faire « un état des cautionnements, avals et garanties donnés par la société », ainsi qu'un « état des sûretés consenties par elle » (C. com., art. L. 232-1) ;
- réaliser un rapport de gestion (C. com., art. L. 232-1).

Certaines autres obligations existent pour les groupes de sociétés, ainsi que pour les sociétés offrant leurs titres au public (v. *infra*).

En outre, tous les commerçants et toutes les sociétés commerciales doivent répondre aux obligations de facturation posées par ***les articles L. 441-9 du Code de commerce et 289 du Code général des impôts***, sous peine d'amende judiciaire pouvant atteindre 75 000 € ou d'amende fiscale de 15 € par facture irrégulière pour omission ou inexactitude.

Enfin, les livres comptables et autres documents doivent être conservés ***10 ans à partir de la clôture de l'exercice*** (C. com., art. L. 123-22).

■ Détermination des bénéficiaires effectifs

La pratique est issue de la *common law*, et plus spécifiquement du droit américain, qui pour promouvoir la transparence du financement des sociétés commerciales, a consacré un statut de « *BO* » (*beneficial ownership*).

En Europe, c'est avec la « 4e » directive UE 2015/849 de ***lutte contre le blanchiment et le financement du terrorisme*** (LCB-FT) du Parlement européen et du Conseil de l'UE du 20 mai 2015 que le principe est apparu, sous le nom d'« *ultimate beneficial owner* » (*UBO*).

Le principe a ensuite été transposé par l'ordonnance n° 2016-1635 du 1er décembre 2016 et la loi n° 2016-1691 du 9 décembre 2016 relative à la transparence, à la lutte contre la corruption et à la modernisation de la vie économique, dite « *Sapin II* ».

Le décret n° 2017-1094 du 12 juin 2017 relatif au registre des bénéficiaires effectifs et le décret n° 2018-284 du 18 avril 2018 ont institué les ***articles R. 561-55 et suivants du Code monétaire et financier***, qui prévoient les modalités d'application de cette loi.

Le bénéficiaire effectif est défini comme « la ou les personnes physiques qui exercent en dernier ressort le contrôle » d'une société (Dir. UE n° 2015/849, 20 mai 2015).

L'article R. 561-1 du Code monétaire et financier, issu du décret du 18 avril 2018, est venu affiner cette définition en revoyant explicitement au « 3° et 4° du I de l'article L. 233-3 du Code de commerce ». Ce dernier énonce qu'il s'agit de la personne qui « 3° [...] détermine en fait, par les droits de vote dont elle dispose, les décisions dans les assemblées générales de cette société ; [et qui] 4° [...] est associée ou actionnaire de cette société et dispose du pouvoir de nommer ou de révoquer la majorité des membres des organes d'administration, de direction ou de surveillance de cette société » (C. com., art. L. 233-3).

Cette nouvelle obligation pèse sur les ***sociétés non cotées***. Enfin, il convient de noter que conformément à l'article L. 561-46 du Code monétaire et financier, la déclaration doit se faire auprès du greffe du tribunal de commerce auquel la société est immatriculée au RCS.

Pratique & Plan d'action LCB-FT

Par l'intermédiaire du Conseil d'orientation de la lutte contre le blanchiment de capitaux et le financement du terrorisme (COLB), le Ministère de l'Économie et des Finances a présenté un ***plan d'action*** fondé autour de cinq axes prioritaires que sont : ***prévenir les risques financiers*** ; ***garantir la transparence financière*** par l'accès au ***registre des bénéficiaires effectifs des personnes morales*** afin de permettre d'identifier les personnes physiques ; ***détecter,***

poursuivre et sanctionner en étendant les prérogatives du TRACFIN ; ***entraver l'accès au système financier pour les terroristes, leurs réseaux et les États qui cherchent à se doter d'armes de destruction massive*** ; et ***renforcer la coordination de la politique nationale contre le blanchiment de capitaux et le financement du terrorisme***.

Ainsi, depuis le 13 avril 2021, sur le site de l'INPI, **toutes les déclarations** réalisées depuis le 1er août 2017 (entrée en vigueur de l'obligation), ***sont disponibles***.

Du côté de la pratique, la déclaration relative aux bénéficiaires effectifs a de nouveau évolué en 2021. Désormais, c'est ***lors de la procédure d'immatriculation*** ou lors ***d'une procédure de modification*** auprès du Greffe du tribunal de commerce, que les bénéficiaires effectifs doivent être déclarés. La déclaration accompagne le « cerfa » M0 (de création) ou M2/M3 de modification.

Un défaut de déclaration, une déclaration inexacte ou incomplète, sont punis d'une peine d'emprisonnement de 6 mois, 7 500 € d'amende ; et d'une interdiction de gérer pour les personnes physiques. Les personnes morales s'exposent à une peine d'amende de 37 500 € et des peines complémentaires, incluant la dissolution de la société (*C. mon. fin., art. L. 561-49*).

■ *Dépôt annuel des comptes sociaux*

L'objectif de cette obligation est également de garantir la transparence des affaires. Elle incombe ***aux SNC détenues par des SARL ou des sociétés par actions*** (C. com., art. L. 232-21), ***aux sociétés à responsabilité limitée*** (C. com., art. L. 232-22), ***aux sociétés par actions*** (C. com., art. L. 232-23) et ***aux sociétés étrangères*** (C. com., art. L. 232-21, IV).

Les comptes annuels font l'objet d'un dépôt au RCS dans le ***mois qui suit la tenue de l'assemblée générale qui les a approuvés*** ou dans un délai de 6 mois maximum à compter de la clôture de l'exercice concerné. Lorsque le dépôt se fait par voie électronique, le délai est porté à ***2 mois***.

À la suite de la réception des comptes par le greffe, les comptes annuels font l'objet d'une publication au *BODACC*.

Un défaut de dépôt peut être sanctionné d'une amende de 1 500 € (C. com., art. R. 247-3). En cas de récidive, cette amende peut être portée à 3 000 €.

Il convient de noter qu'il n'est nullement possible de se soustraire à cette obligation. En effet, les juridictions n'ont retenu aucune « justification » possible. Par exemple, le « secret des affaires »

(*Cass. crim., 1er juin 2005, n° 05-80351*) ne peut fonder une décision de non-publication. Il en irait de même pour l'absence de temps ou la volonté de se protéger contre ses concurrents.

En outre, l'article L. 611-2 du Code de commerce dispose que « Lorsque les dirigeants d'une société commerciale ne procèdent pas au dépôt des comptes annuels dans les délais prévus par les textes applicables, le président du tribunal peut [...] leur adresser une injonction de le faire à bref délai sous astreinte ».

Pratique

La déclaration est composée des ***comptes annuels*** (composés du bilan actif et passif, du compte de résultat et de ses annexes). Le dépôt coûte 46,37 € lorsqu'il est réalisé par correspondance, 45,2 € lorsqu'il est réalisé au greffe et 43,85 € lorsqu'il est réalisé en ligne.

Pour les sociétés cotées, le dépôt doit contenir le ***rapport de gestion***. Dans les SA, ce rapport est établi par le conseil d'administration ou le directoire (selon la forme de la société classique ou moderne ; v. *infra*).

La déclaration doit en outre contenir les ***documents portant sur l'affectation du résultat***, comprenant l'affectation des bénéfices (les réserves, le report à nouveau et la distribution de dividendes) et l'affectation des pertes (imputation sur les réserves et report des pertes). Elle est en général inscrite dans le PV d'AGO.

Enfin, la déclaration est composée du rapport du CAC (s'il y en a un), du PV d'AG d'approbation des comptes, ou d'un extrait de ce PV, et du rapport du conseil de surveillance, dans une SA à directoire ou une société en commandite par actions.

Option de confidentialité des comptes

Avant la loi *PACTE*, les micro-entreprises et les « petites entreprises » (PE) pouvaient se prévaloir d'une dispense de publicité (C. com., art. L. 232-25).

Désormais, l'article 47 de la loi *PACTE* ayant inséré les alinéas 3 et 4 de l'article L. 232-25 du Code de commerce, prévoit une option de confidentialité des comptes sociaux pour les moyennes entreprises (ME).

La confidentialité n'est pas totale, elle permet aux ME de ne publier qu'une « présentation simplifiée » (n'intégrant que l'actif et le passif du bilan) si elles répondent à deux des trois critères posés par l'***article R. 123-16 du Code de commerce*** (à savoir un total de bilan inférieur à 20 millions d'euros, un CA inférieur à 40 millions d'euros et un effectif de moins de 250 salariés).

■ « Contrôle » de la société

Le contrôle de la société fait référence à plusieurs notions. Le « contrôle » de la gestion (de la « direction ») de la société est opéré en premier lieu par les associés en assemblée, à qui la loi confère un certain nombre de prérogatives ***réservées*** (v. *infra*).

Le contrôle de la « gestion » par les associés ne doit cependant pas être confondu avec le « contrôle de gestion » en tant que matière à part entière. Le contrôle de gestion en tant que discipline constitue l'ensemble des outils servant à prendre des ***décisions stratégiques à long terme*** et tendant à capter un ***avantage concurrentiel significatif***.

Le contrôle de la gestion dont il sera question tout au long de la lecture de cette étude est relatif à l'inspection effectuée soit à tout moment (quand cela est possible), soit annuellement, par les associés de la société. Pour réaliser ce contrôle, les associés ont, lorsque la loi le prévoit et sous certaines conditions, ***un droit d'information sur les affaires sociales*** et ***un droit de questionner par écrit la gérance***. Ils ont également un droit d'information préalable aux assemblées générales.

Enfin, la notion de contrôle qui sera évoquée ici se référera également au contrôle dit « légal » de la société opéré par les ***commissaires aux comptes*** (CAC). Ces derniers sont des professionnels sous « mandat » et dont les missions, les pouvoirs et les obligations sont définis par un titre complet dans le livre VIII du Code de commerce (C. com., art. L. 822-1 et s.). La présence des CAC est obligatoire lorsqu'une société dépasse des performances sociales ou financières fixées par la loi.

Nomination d'un CAC

La nomination d'un commissaire aux comptes n'est obligatoire que lorsque ***deux seuils*** sur les trois critères imposés par la loi sont franchis. Ces seuils étaient différents pour chaque société (SNC, SCS, SARL, SAS, SA et SCA). Les CAC étaient également obligatoires dans les SA et les SCA.

Les critères pris en compte pour la nomination d'un CAC sont :

- le total du bilan de la société ;
- le montant hors taxes du chiffre d'affaires ;
- le nombre moyen de salariés dans l'entreprise au cours d'un exercice.

Depuis la loi *PACTE*, les seuils financiers ont été ***uniformisés***. Les « nouveaux » seuils correspondent aux seuils de l'audit légal prévus par le ***droit européen*** (dir. 2013/34/UE du Parlement européen et du Conseil du 26 juin 2013 relative aux états financiers annuels, aux états financiers consolidés et aux rapports y afférents de certaines formes d'entreprises).

Les CAC sont nommés normalement pour une ***période de 6 exercices*** (C. com., art. L. 823-3). Les dispositions relatives à la désignation des CAC rentreront en vigueur en fonction de la date de fin du mandat ***actuel*** des CAC. Cette entrée en vigueur se fera donc de manière différée. En revanche, dans les départements et régions d'outre-mer (DROM), la réforme est entrée en vigueur ***à date fixe***, le 1er janvier 2021 (L. n° 2019-486, 22 mai 2019, art. 20). C'est une réelle ***transformation*** des professions du chiffre que la loi *PACTE* a opéré.

Les seuils de contrôle

Élément pris en considération pour déterminer la désignation d'un CAC	Seuils issus de la loi PACTE
Total de bilan	4 000 000 €
Chiffres d'affaires HT	8 000 000 €
Nombre de salariés	50

L'obligation de désigner un CAC n'entre pas en vigueur pour l'exercice en cours (celui où le seuil est dépassé), mais l'exercice suivant. Lorsque les seuils sont dépassés, la non-nomination d'un CAC est un ***délit*** sanctionné de ***2 ans d'emprisonnement et 30 000 € d'amende***.

4 Fiscalité des sociétés commerciales

La question de la TVA ne sera pas traitée dans la présente étude. La TVA est un ***impôt*** (et non une taxe malgré son appellation) sur la consommation (un impôt « indirect »). La TVA s'applique quelle que soit la forme juridique des personnes (physiques ou morales) et peu importe leur situation au regard des autres régimes fiscaux (CGI, art. 256 A). La TVA s'applique donc en fonction des activités économiques réalisées (CGI, art. 256 à 257 *bis*). Une liste expresse d'activités exemptées de TVA est prévue par le Code général des impôts (CGI, art. 261). Toutefois, en principe, les sociétés commerciales sont « ***assujetties*** » (personnes soumises) à la TVA. Les assujettis sont les vendeurs de biens ou les prestataires de services qui « effectuent de manière indépendante [ces] activités économiques » (CGI, art. 256 A).

Font toutefois l'objet de cette étude, les régimes d'imposition dits « ***directs*** » (imposition annuelle sur les bénéfices réalisés). Les sociétés commerciales sont soumises soit à l'impôt sur les sociétés, soit à l'impôt sur le revenu. Les régimes sont les mêmes pour toutes les sociétés.

■ *L'impôt sur les sociétés*

Les SA (dont les titres ne sont pas admis à la négociation sur un marché d'instruments financiers réglementés), les SAS, les SCA et les SARL, dont le capital social est détenu à hauteur de ***50 % par une ou plusieurs personnes physiques*** ou à hauteur de ***34 % au moins par une ou plusieurs personnes ayant la qualité de président*** (DG, président du conseil de surveillance, membre du directoire ou gérant), si elles n'ont pas opté pour une durée maximale de 5 années (CGI, art. 239 *bis* AB), lors de la création pour le régime fiscal des sociétés de personnes, sont ***soumises à l'IS*** (CGI, art. 206, 1°). ***Les SNC ont la possibilité d'« opter » pour l'assujettissement à l'IS*** (CGI, art. 206, 3°). En revanche, les ***SCS sont frappées par l'IS*** (CGI, art. 206, 4°).

L'IS ne connaît que deux ou trois taux progressifs qui dépendent du ***CA*** (le total des ventes réalisées par l'entreprise) et du ***bénéfice imposable*** (les liquidités restantes après l'intégralité des frais avant imposition). La loi n° 2019-759 du 24 juillet 2019 portant création d'une taxe sur les services numériques et de modification de la trajectoire de baisse de l'impôt sur les sociétés a sensiblement modifié les taux d'imposition en établissant un programme de la baisse de l'impôt pluriannuelle.

Chiffre d'affaires réalisé (M€)	Bénéfice imposable (€)	Taux d'IS (%)			
		En 2019 pour l'exercice fiscal du 01/01 au 31/12	En 2020	En 2021	En 2022
< 7,63	Jusqu'à 38 120	15	15	15	15
	De 38 120 à 500 000	28	28	26,5	25
	Au-delà de 500 000	33			

> 7,63	Jusqu'à 500 000	28	28	26,5	25
	Au-delà de 500 000	31 (*L. n° 2017-1837, 30 déc. 2017, art. 84*)			

La décision définissant le type de fiscalité, dans les sociétés de personnes, était irrévocable jusqu'à la loi de finances 2019 (L. n° 2018-1317, 28 déc. 2018). Désormais, l'***article 239 du Code général des impôts*** prévoit une possibilité de choix entre l'IS et l'IR ***non-irrévocable***.

En principe – et sauf cas particuliers définis par le Code général des impôts, la jurisprudence ou le *Bulletin officiel des Finances publiques* (*BOFiP*) –, l'option « doit être notifiée avant la fin du troisième mois de l'exercice au titre duquel l'entreprise souhaite être soumise pour la première fois à l'impôt sur les sociétés » (CGI, art. 239).

Enfin, les sociétés sont soumises à divers autres impôts directs au niveau local – comme la cotisation foncière des entreprises (CFE), la cotisation sur la valeur ajoutée des entreprises (CVAE) ou encore la taxe foncière.

■ *L'impôt sur le revenu*

Les sociétés de personnes sont ***en principe*** soumises à l'IR, conformément à l'***article 60 du Code général des impôts***. L'IR est progressif, il est calculé par tranches.

Le barème de l'IR pour 2021 (dont le solde sera payable en 2022), se verra appliquer les taux suivants en fonction du revenu des contribuables :

Tranches d'imposition sur le revenu (€)	Taux d'imposition (%)
Jusqu'à 10 084	0
De 10 084 à 25 710	11
De 25 711 à 73 516	30
De 73 517 à 158 122	41
À partir de 158 123	45

Ce tableau est indicatif, la fiscalité n'étant pas le sujet central de l'étude. Pour déterminer le ***barème*** d'imposition, le « foyer fiscal » (généralement le domicile des personnes) est pris en référence. La composition du foyer permet de déterminer le « quotient familial » du contribuable, qui permettra d'établir quel est son « revenu imposable ».

Il est nécessaire de noter également que le taux d'imposition (à l'IR) ne contient pas « seulement » les salaires versés ou les profits dégagés par l'entreprise. En effet, il est composé de huit catégories :

– les salaires, indemnités, émoluments, pensions et rentes viagères (sous la catégorie des traitements et salaires) ;
– les rémunérations de dirigeant de société ; c'est le cas des gérants majoritaires de SARL (CGI, art. 62) ou des sociétés soumises à l'IR ;
– les bénéfices non commerciaux (BNC) ;
– les bénéfices agricoles (BA) ;
– les bénéfices industriels et commerciaux (BIC) ;
– les revenus fonciers ;
– les revenus de capitaux (cela inclut les dividendes) ; ***depuis le 1er janvier 2018, les dividendes font l'objet d'un prélèvement forfaitaire unique*** (PFU) (ou *flat tax*) de 30 %, composé de 12,8 % au titre de l'IR et de 17,2 % au titre des prélèvements sociaux ;
– et, les plus-values de cession.

La loi n° 2016-1917 du 29 décembre 2016 a institué en France le prélèvement à la source (PAS), qui est applicable depuis le 1er janvier 2019. Les dirigeants de société ayant opté pour l'IR sont donc aussi concernés par le PAS.

Le mécanisme du PAS est particulièrement complexe. Les ***indépendants*** et ***assimilés*** (c'est le cas des présidents de SAS, des commerçants, des professions libérales et des agriculteurs) paieront un acompte mensuel ou trimestriel prélevé sur leur compte bancaire, dont le montant aura été calculé par l'administration fiscale (BOI-IR-PAS-30-10-20180131).

Chapitre 3

La responsabilité

Lorsque le sujet de la responsabilité est traité en droit des sociétés, deux hypothèses sont possibles : soit la responsabilité de la société est évoquée, soit c'est la responsabilité du dirigeant qui est examinée. Dans les deux situations, la responsabilité peut être civile ou pénale.

1 Responsabilité de la société

Responsabilité civile : **– délictuelle** **– contractuelle**	– Les principaux régimes de responsabilité prévus par le Code civil sont applicables aux personnes morales. – Les régimes de responsabilité du fait d'autrui recherchent souvent la responsabilité de la société. – Cette volonté est souvent fondée par un ***argument financier***, les personnes morales étant souvent plus ***solvables*** que leurs dirigeants ou que les personnes physiques à qui la responsabilité est imputée. – L'argument est également ***pratique*** : la société est ***assurée*** avec de très hauts plafonds contre la réalisation de préjudice à l'encontre d'autrui dans la conduite de l'activité professionnelle.
Responsabilité pénale	– « Les personnes morales [cette affirmation exclut les sociétés créées de fait, les groupements et les sociétés en formation], à l'exclusion de l'État, sont responsables pénalement [...] des ***infractions commises, pour leur compte***, [et] ***par leurs organes ou représentants*** » (C. pén., art. 121-2). – Lorsque des sociétés étrangères ont commis une infraction en France, elles peuvent se voir poursuivies dans les mêmes conditions que les sociétés françaises. – La société peut être punie à une amende portée au ***quintuple de celle encourue par une personne morale*** (C. pén., art. 131-38). – La commission d'une infraction par la société peut également, dans le pire des cas, engendrer sa ***dissolution***, une interdiction d'émettre des chèques ou une interdiction d'exercer à titre temporaire ou définitif certaines activités (C. pén., art. 131-39).

2 Responsabilité des dirigeants

Le dirigeant peut être de droit (légal ou statutaire) ou de fait. Il est l'***autorité disposant du pouvoir de gérer ou d'administrer la société***.

Responsabilité civile	– Les dirigeants sont responsables envers les associés et la société. – Le régime appliqué est celui de droit commun (C. civ., art. 1240) : il nécessite une faute, un dommage et un lien de causalité entre la faute et la réalisation du préjudice. – Les causes d'exonération de responsabilité civile sont donc également applicables (sauf exception) aux dirigeants. – Les actions formées par les associés pour leur compte, ou par les associés pour le compte de la société, recherchent le ***paiement de dommages-intérêts***. – En cas de pluralité de dirigeants, la responsabilité sera souverainement appréciée par le juge qui décidera de leur degré d'implication ; la responsabilité sera alors « découpée » (*in solidum*).
Responsabilité pénale	– Les dirigeants peuvent commettre des délits : • à l'encontre de la société, notamment des abus de biens sociaux, • contre les tiers (le plus souvent lorsqu'ils agissent hors de la réalisation des missions prévues par l'objet social poursuivi par la société). – Lorsque la société est victime des actes des dirigeants, elle pourra être représentée par toutes personnes lésées sur le fondement de l'***article 2 du Code de procédure pénale***. – Lorsque l'infraction a causé du tort à autrui, ***la responsabilité de la société n'écarte pas celle des dirigeants*** de fait ou de droit (C. pén., art. 121-2) ; l'identification du dirigeant pénalement responsable dépendra de différents critères qui sont propres à chaque société. – Enfin, le dirigeant peut échapper à la responsabilité lorsqu'il a correctement effectué une délégation de pouvoir (*Cass. crim., 19 janv. 1988 : Bull. crim., n° 29*) réunissant trois conditions : • la délégation a été faite par le chef d'entreprise à un employé de l'entreprise, • cet employé est doté des compétences nécessaires (il est qualifié), • il jouit d'une autonomie (il dispose à la fois de l'autorité et des moyens nécessaires pour accomplir sa mission).

Loi n° 2020-546 protégeant l'état d'urgence sanitaire

L'année 2020 a mis en exergue la question de la responsabilité pénale d'un dirigeant durant ***une période de crise sanitaire***. Avec l'apparition d'une épidémie à l'échelle internationale, le législateur a dû prévoir la position du chef d'entreprise et les circonstances menant à son incrimination.

Par une loi du 11 mai 2020, le Code de la santé publique s'est vu ajouter ***un nouvel article L. 3136-2*** prévoyant que l'article 121-3 du Code pénal (relatif aux infractions ***non-intentionnelles***) prendra « compte des compétences, du pouvoir et des moyens dont disposait l'auteur des faits dans la situation de crise ayant justifié l'état d'urgence sanitaire, ainsi que de la nature de ses missions ou de ses fonctions, notamment en tant qu'autorité locale ou employeur ».

Pour rappel, les dirigeants sociaux (les « chefs d'entreprise ») peuvent engager leur responsabilité pénale pour des infractions pénales non-intentionnelles depuis la loi du 10 juillet 2000 (dite loi *Fauchon*). Cette responsabilité générale ***est cumulable ou substituable*** à la responsabilité plus spécifique prévue par le Code du travail en matière d'hygiène et de sécurité. C'est à ce titre que la Cour de cassation retenait récemment, au visa des articles 121-1 et 121-3 du Code pénal, qu'est pénalement responsable le chef d'entreprise qui, ***sans délégation de pouvoir***, « omet de veiller lui-même à la stricte et constante mise en œuvre des dispositions édictées par le Code du travail et les règlements pris pour son application en vue d'assurer la sécurité des travailleurs » (*Cass. crim., 31 oct. 2017, n° 16-83683*).

Néanmoins, en matière de pandémie, le nouveau texte introduit au Code de la santé publique n'est pas « complètement » contraignant et ne modifie pas le régime de responsabilité prévu par la loi. Il convie le juge (comme c'est le cas en procédure pénale) à ***apprécier l'imprudence ou la négligence à la lumière des moyens dont le mis en cause disposait***.

PARTIE 2
Les sociétés civiles

Chapitre 4

Droit général de la société civile

D'après une étude officielle de l'INSEE en partenariat avec le greffe national des tribunaux de commerce et le réseau des chambres de commerce et de l'industrie, en 2019, près de ***420 000 sociétés civiles*** *ont été formées en France.*

Bien que les sociétés commerciales occupent une place privilégiée dans le développement économique du pays et la majeure partie des créations de sociétés, les créations de sociétés civiles n'en sont pas moins freinées ou négativement impactées.

Les sociétés civiles sont constituées pour ***permettre la gestion d'un patrimoine privé ou en faciliter la transmission***. Les sociétés civiles les plus fréquemment formées sont donc logiquement des ***sociétés civiles immobilières***. Elles peuvent également avoir pour objet la ***gestion non-commerciale de biens immeubles*** ou ***la construction de biens immeubles afin de les vendre*** (dans le cadre de la promotion).

1 Pratique de la société civile et généralités sur la forme

Les sociétés civiles sont d'utilisations variées. Elles présentent pour les entreprises l'intérêt fondamental de ***protéger les actifs immobiliers en cas d'ouverture d'une procédure collective***. Elles peuvent donc être utilisées de manière accessoire par les entrepreneurs-dirigeants une société commerciale.

Les droits sociaux d'une société civile sont représentés par des ***parts sociales***. Chaque part a une ***valeur égale*** (C. civ., art. 1845-1). Les apports en numéraire, en nature et en industrie sont autorisés dans une société civile. Toutefois, l'évaluation des apports en nature doit être publiée dans un JAL (D. n° 78-704, 3 juill. 1978, art. 22).

La société civile ne peut être utilisée que lorsqu'elle a un objet civil, sous peine de requalification (v. *supra*).

C'est notamment le cas des activités artistiques et des activités de l'enseignement. En outre, la jurisprudence a dégagé une liste d'« ***activités civiles*** » qui sont par opposition « ***non-commerciales*** ». C'est par exemple le cas de l'activité d'architecte (*Cass. 1re civ., 5 avr. 1965 : JCP G 1965, II, 14261*). En revanche, les activités commerciales « ***accessoires*** » ne sont pas de nature à dénuer la société de son caractère civil (*Cass. com., 5 mai, 2009, n° 08-17599*).

Le cas de l'artisanat

Les activités artisanales peuvent également entrer dans le champ des exercices couverts par un objet civil. Néanmoins, cette dernière hypothèse est assez exceptionnelle ; dans la pratique, les activités artisanales sont proches des activités commerciales et la responsabilité ***non limitée*** de la société fait peser un risque trop important sur l'artisan et sa famille. En effet, les sociétés civiles étant des sociétés de personnes, les associés sont ***indéfiniment et solidairement responsables des dettes sociales*** (v. *supra*).

En matière bancaire et en matière assurantielle, les sociétés civiles trouvent également un écho avec ***les mutuelles et les sociétés coopératives***. Dans le secteur financier au sens large, il est usuel de trouver des *holdings* ayant adopté la forme d'une société civile. Cette affirmation est également vraie pour la gestion de portefeuille (d'actifs ou d'activités).

En outre, la société civile peut être utilisée par ***les professions libérales*** (v. *infra*). Toutefois, cette utilisation est moindre depuis la ***loi n° 90-1258 du 31 décembre 1990 relative à l'exercice sous forme de sociétés [commerciales] des professions libérales***, lesquelles peuvent opter pour des sociétés d'exercice libéral par actions simplifiées (SELAS), à responsabilité limitée (SELARL) ou à forme anonyme (SELAFA).

Enfin, les sociétés civiles sont souvent choisies pour exercer ***une activité agricole***, cette dernière étant « ***une activité civile*** » au sens de la loi (L. n° 88-1202, 30 déc. 1988 ; C. rur., art. L. 311-1).

2 Constitution et statut des associés

Les sociétés civiles disposent d'une section au sein du titre IX du livre III du Code civil (« *De la société civile* ») et sont régies par ***les articles 1845 à 1870-1***, lesquels composent le socle du droit des sociétés civiles. Il est applicable à toutes les sociétés civiles à l'exception de celles gouvernées par un texte spécial lorsqu'il écarte l'application d'un principe général. Le droit « commun » des sociétés (v. *supra*) est également applicable aux sociétés civiles, il convient donc ici de ne relever que les règles spécifiques.

Pour être formée, la société civile ne nécessite pas de capital minimum, sauf lorsqu'un texte en dispose autrement (comme c'est le cas pour les SCPI, v. *infra*). En principe, le capital est fixe. Il ne peut donc être modifié que par une décision d'augmentation ou de réduction. Toutefois, il est possible de prévoir par ***dérogation***, en application de l'article L. 231-1 et s. du Code de commerce, un ***capital variable*** à condition que les statuts en fassent ***expressément mention*** (C. civ., art. 1845-1).

A priori, les sociétés civiles sont pluripersonnelles mais peuvent être ***temporairement*** unipersonnelles sans pour autant être dissoutes (C. civ., art. 1844-5). Cependant, par essence, il n'existe pas de société civile unipersonnelle – à l'exception des exploitations agricoles à responsabilité limitée qui sont des sociétés civiles (C. rur., art. L. 324-1).

Une personne morale (même une association) peut être associée dans une société civile si son objet social l'autorise.

Responsabilité pénale de la SCI

La jurisprudence en matière de responsabilité pénale des personnes morales (fondée sur l'article 121-2 du Code pénal ; v. *supra*) s'est développée principalement par rapport aux ***sociétés commerciales***. Néanmoins, par l'énonciation « ***personne morale*** », le juge pénal n'est pas lié par un type de structure (le principe de légalité étant respecté dès lors que la ***structure*** sociale jouit des prérogatives attachées à la personnalité morale au jour de la commission de l'infraction).

Dans un arrêt du 28 octobre 2020 (*n° 19-85037*), la Chambre criminelle de la Cour de cassation se prononçait sur une potentielle responsabilité morale de trois SCI. Visé non seulement de l'article 121-2 du Code pénal, mais également 593 du Code de procédure pénale les hauts magistrats cassaient logiquement l'arrêt rendu en appel ***puisqu'il n'identifiait pas clairement l'organe*** (ou alternativement, ***le représentant***) à l'origine de l'infraction réalisée pour le compte de la personne morale. Ainsi, si les sociétés civiles ***n'échappent pas*** à l'application du régime prévu par l'article 121-2 du Code pénal ; mais ne peuvent être reconnues pénalement responsables d'infractions que si et seulement si, les juges du fond analysent en intégralité les faits présentés *de facto* à ce que ***l'organe ou le représentant soit identifié ; et donc une décision justifiée.***

Les sociétés civiles acquièrent la personnalité morale ***dès leur immatriculation*** (C. civ., art. 1842). Actuellement, l'immatriculation doit se faire au RCS. Néanmoins, les sociétés civiles sont visées par l'article 2 de la loi *PACTE* et devront ainsi être immatriculées au « ***registre unique dématérialisé*** » (v. *supra*).

Enfin, ***un mineur non émancipé peut être associé d'une société civile***. Il sera représenté par ses parents ou son administrateur légal (C. civ., art. 387-1).

3 Gérance

Les sociétés civiles offrent une grande souplesse dans leur organisation et leur fonctionnement.

Nomination du gérant (C. civ., art. 1846)	– Les statuts fixent librement les règles de désignation du ou des gérant(s) et le mode d'organisation de la gérance. – La société est gérée par une ou plusieurs personnes, associées ou non, nommée(s) soit par les statuts, soit par un acte distinct, soit par une décision des associés. – L'article énonce également que dans « le silence des statuts, et s'il n'en a été décidé autrement par les associés lors de la désignation, ***les gérants sont réputés nommés pour la durée de la société*** ». La société ne peut, comme toute forme sociale, excéder 99 ans à sa création et peut être prorogée comme toute autre société. – Depuis ***la loi n° 2019-744 du 19 juillet 2019***, si la société se retrouve dépourvue de gérant, tout associé peut réunir les associés ***à la seule fin de nommer un ou plusieurs gérants***. Cette prérogative n'existait pas et un associé pouvait uniquement « demander au président du tribunal statuant sur requête la désignation d'un mandataire chargé de réunir les associés en vue de nommer un ou plusieurs gérants ». – Les gérants personnes physiques doivent d'être « ***capables*** », en application du droit commun des contrats. Ainsi, si un mineur peut être un associé représenté, ***il ne peut pas être gérant***. Il en va de même pour le majeur protégé. – Enfin, les SC ne connaissent pas de régime d'incompatibilité. Un gérant peut donc être salarié de la structure.
Rémunération du dirigeant	– La rémunération du ou des gérant(s) est en principe fixée par les statuts. – La gérance d'une société civile peut également être exercée ***à titre gratuit*** (sous forme de mandat ; C. civ., art. 1986).
Obligations du gérant (C. civ., art. 1856)	– Les gérants doivent, au moins une fois dans l'année, rendre compte de leur gestion aux associés. Le Code civil précise que cette reddition des comptes doit « comporter un rapport écrit d'ensemble sur l'activité de la société au cours de l'année ou de l'exercice écoulé comportant l'indication des bénéfices réalisés ou prévisibles et des pertes encourues ou prévues ».

Révocation du gérant (C. civ., art. 1851)	– Sauf disposition contraire des statuts, le gérant est révocable par une décision des associés représentant plus de la moitié des parts sociales. Si la révocation est décidée sans juste motif, elle peut donner lieu à dommages et intérêts. – Le gérant est également révocable par les tribunaux pour cause légitime, à la demande de tout associé. – Sauf clause contraire, la révocation d'un gérant, qu'il soit associé ou non, n'entraîne pas la dissolution de la société. Si le gérant révoqué est un associé, il peut, à moins qu'il n'en soit autrement convenu dans les statuts ou que les autres associés ne décident la dissolution anticipée de la société, se retirer de celle-ci dans les conditions prévues à l'article 1869.

4 Organisation

Pouvoir des associés	Rapport entre associés
Les décisions qui excèdent les pouvoirs reconnus aux gérants sont prises selon les dispositions statutaires ou, en l'absence de telles dispositions, à l'unanimité des associés (C. civ., art. 1852).	Les décisions sont prises par les associés réunis en assemblée [générale]. Les statuts peuvent aussi prévoir qu'elles résulteront d'une consultation écrite (C. civ., art. 1853). Les décisions peuvent encore résulter ***du consentement de tous les associés exprimé dans un acte*** (C. civ., art. 1854).
Information et convocation des associés	
Les associés sont convoqués par LRAR dans un délai de 15 jours francs minimum avant la tenue de l'AG (D. n° 78-704, 3 juill. 1978, art. 40). Dès la convocation, le texte des résolutions proposées et tout document nécessaire à l'information des associés sont tenus à leur disposition au siège social, où ils peuvent en prendre connaissance ou copie. S'ils le veulent, les associés peuvent demander que ces documents ***leur soient adressés soit par lettre simple ou LRAR à leurs frais*** (D. n° 78-704, 3 juill. 1978, art. 40).	

5 Cession et transmission

Les parts sociales d'une société civile ne peuvent être cédées qu'avec l'agrément de tous les associés. Néanmoins, les statuts de la société peuvent « convenir que cet agrément sera obtenu à une majorité qu'ils déterminent, ou qu'il peut être accordé par les gérants » (C. civ., art. 1861). En outre, les associés peuvent dispenser d'agrément les cessions consenties à des associés ou au conjoint de l'un d'eux. Enfin, sauf stipulation contraire, les cessions consenties à des ascendants ou descendants du cédant ne sont pas soumises à agrément.

La cession d'une société civile doit être « ***constatée par écrit*** » (C. civ., art. 1865). Sans précision, ***la loi autorise la cession par acte sous seing privé*** ou par acte authentique.

Le Code civil précise que la cession n'est opposable aux tiers ***qu'après accomplissement des formalités de cession et publication au registre du commerce et des sociétés***.

Enfin, la société n'est pas dissoute par le décès d'un associé mais continue avec ses héritiers ou légataires (C. civ., art. 1870). La loi réserve toutefois une possibilité pour les associés d'insérer aux statuts un agrément ou ***une dissolution automatique au décès de l'associé***.

Chapitre 5

Les sociétés civiles professionnelles

Les sociétés civiles professionnelles (SCP) sont des sociétés à but professionnel dont l'objet est l'exercice collectif d'une même profession par ses membres. Elles permettent à des personnes physiques exerçant ***une profession libérale réglementée*** *d'exercer « ensemble » leur activité. Ces sociétés sont encadrées par la loi n° 66-879 du 29 novembre 1966 et jouissent de la personnalité morale (L. n° 66-879, art. 1).*
Les SCP ont été profondément modifiées et réaménagées à la suite de la loi n° 2011-331 du 28 mars 2011 de modernisation des professions judiciaires ou juridiques et de certaines professions réglementées. Cette loi a permis de renforcer l'attrait pour la forme sociale qui était en perte de vitesse depuis la création des SEL pouvant se constituer en forme commerciale.

1 Constitution

Les SCP sont des ***sociétés d'exercice*** car elles imposent aux associés la pratique commune de leur activité. À la suite de la loi dite « cadre » de 1966, plusieurs décrets d'application sont venus préciser quelles activités pouvaient être exercées en SCP et ont codifié des principes légaux venant déterminer les règles applicables aux sociétés professionnelles. En effet, le droit général des sociétés civiles ne s'applique pas – ou peu – aux SCP. Il ne s'applique que si un texte à caractère spécial ***n'a pas écarté*** l'application d'un principe général ou ***si ce principe général ne va pas à l'encontre du texte spécial***.

■ *Les professions pouvant être exercées en SCP*

L'article 1er de la loi du 29 novembre 1966 prévoyait que les modalités d'exercice de chaque profession seraient déterminées par décret pris après avis des organismes chargés de représenter la profession auprès des pouvoirs publics (ordres, organisations ou offices). Ainsi, en principe, un ostéopathe, un orthophoniste ou un opticien ne peuvent pas exercer via une SCP car aucun décret ne supporte leur installation sous cet étendard.

Étaient principalement ciblées par la loi de 1966 :

– les professions juridiques et judiciaires (avocats, administrateurs et mandataires judiciaires, notaires, huissiers de justice et greffiers des tribunaux de commerce) ;
– et les professions de santé (chirurgiens-dentistes, médecins, infirmiers, biologistes, vétérinaires et masseurs-kinésithérapeutes).

Sont désormais plus largement autorisés à utiliser la SCP :

– les commissaires aux comptes ;
– les géomètres ;
– les architectes ;
– et les experts agricoles et fonciers.

■ *Conditions de formation attachées aux associés de la SCP*

L'article 1er de la loi de 1966 ne laisse pas de place à une interprétation : dans un SCP, seules ***les personnes physiques peuvent avoir la qualité d'associés***.

La SCP est pluripersonnelle (au moins deux associés) mais ne prévoit *a priori* (dans la loi-cadre) ***aucune limite*** d'associés. Toutefois, certains ordres ont limité le nombre d'associés possible dans la société (par exemple, une SCP d'avocats aux conseils ne peut contenir plus de 3 associés ; une SCP d'infirmières ne peut excéder en son assemblée le nombre de 10 associés).

De même, *a priori* (L. n° 66-879, art. 4) et sauf prescription contraire prévue par décret ou par les organismes en charge de policer la profession exercée, un associé ne peut pas se livrer à la pratique de son industrie en dehors de la SCP. ***Il ne peut être ni membre d'une autre SCP, ni exercer de manière autonome***.

En outre, ne peuvent s'associer que « les personnes qui, préalablement à la constitution de la société, exerçaient régulièrement la profession ainsi que celles qui, réunissant toutes les conditions exigées par les lois et règlements en vigueur, ont vocation à l'exercer » (L. n° 66-879, art. 3). Toutefois, sans que cela soit surprenant, deux époux peuvent s'associer et former une SCP (L. n° 66-879, art. 15).

■ *Apports et statuts*

Les apports en numéraire, en nature et en industrie sont autorisés dans les SCP (L. n° 66-879, art. 10). Aucune mention n'est faite quant au capital social ; celui-ci est librement fixé sans minimum et sans maximum. Néanmoins, les décrets d'application relatifs à chaque profession peuvent fixer une valeur minimum d'une part nominale concourant à la formation du capital.

Par exemple, pour les avocats et les médecins, la valeur d'une part doit d'être de ***minimum 15 €***. Ainsi, le capital minimum d'une SCP d'avocats ou de médecins est de 30 € (deux parts).

Les statuts de la SCP doivent être établis par écrit sous peine de nullité de la société (L. n° 66-879, art. 7), et ***le contenu des mentions obligatoires*** des statuts est défini par décret ***pour chaque profession***. Ces derniers doivent indiquer la mention « société civile professionnelle » (ou SCP) avant ou après la mention de la dénomination sociale (L. n° 66-879, art. 8).

Enfin, ce sont les statuts qui déterminent (L. n° 66-879, art. 11) :

- les conditions de nomination et de révocation des gérants ;
- leurs pouvoirs ;
- la durée de leur mandat.

■ *Autorisation de constitution*

L'article 1er de la loi de 1966 explicite que les SCP « jouissent de la personnalité morale ». La question se pose plutôt de savoir à partir de quel moment elles jouissent de cette aptitude.

En effet, la loi régissant les SCP prévoit que cela intervienne « à compter de leur immatriculation » au RCS. Néanmoins, cette immatriculation ne peut intervenir qu'à la suite de l'admission par l'ordre ou l'organisme légal ayant qualité à autoriser l'inscription de la SCP (L. n° 90-1258, 31 déc. 1990, art. 24).

Le contrôle menant à l'autorisation de constituer la société n'est pas similaire pour chaque profession. Il convient de se référer au décret qui organise la profession visée. Le contrôle peut être ordinal ou administratif.

Pour les avocats, ce contrôle est ordinal, organisé par le Barreau et prévu par le décret n° 92-680 du 20 juillet 1992. La société se crée sous condition suspensive de son inscription au Barreau établie auprès du tribunal judiciaire dans le ressort duquel est fixé le siège de la société et au tableau duquel est inscrit au moins l'un des associés. La demande d'inscription est accompagnée d'un dossier comprenant, sous peine d'irrecevabilité :

- un exemplaire des statuts de la société et, le cas échéant, une expédition ou une copie de l'acte constitutif ;
- un certificat d'inscription au tableau ou au stage délivré par le bâtonnier en ce qui concerne chaque associé ;
- une demande de chaque associé sollicitant du conseil de l'ordre l'inscription de la société ;
- les pièces justifiant de l'accomplissement des formalités prévues à l'effet de l'inscription.

Pour les infirmiers et les kinésithérapeutes, le contrôle est administratif. Il est opéré par ***l'agence régionale de santé*** (CSP, art. R. 4381-27). La procédure est sensiblement plus légère : elle nécessite un exemplaire des statuts de la société ainsi qu'une copie du diplôme ouvrant droit à l'exercice de la profession visée.

Pour les ***officiers ministériels***, « la nomination » est prononcée par ***arrêté du garde des Sceaux***.

Ainsi, en pratique, c'est généralement ***le président de l'ordre professionnel*** régional (ou le garde des Sceaux pour les offices publics ou ministériels) qui, à la suite de l'inscription sur le tableau de l'ordre ou sur la liste des autorités compétentes (judiciaires ou nationales), ***va remettre une copie authentifiée de la décision d'inscription*** au préfet du département et au greffe du tribunal de commerce afin que ce dernier procède à l'inscription de la société au RCS.

2 Fonctionnement

Sur le modèle américain des « *professional firms* », la loi prévoit une responsabilité impactant tous les ***associés***. Ils doivent ***professionnellement*** répondre « sur l'ensemble de [leur] patrimoine, des actes professionnels qu'ils [ont] accomplis ». De même « ***la société est solidairement responsable avec [eux] des conséquences dommageables de [leurs] actes*** ». C'est pour cela que les SCP sont tenues de souscrire à une assurance « responsabilité civile professionnelles » (L. n° 66-879, art. 16).

Ainsi, nombre de décisions sont prises collectivement. Néanmoins, « le décret [relatif] à chaque profession détermine le mode de consultation des associés, les règles de *quorum* et de majorité exigées pour la validité de leurs décisions et les conditions dans lesquelles ils sont informés de l'état des affaires sociales » (L. n° 66-879, art. 13).

Gérance	Rapports entre associés
– La logique praxique et légale derrière les SCP ***ne conçoit pas de rapport de subordination*** entre les associés et la société. – Ainsi, « tous les associés sont gérants sauf stipulation contraire des statuts » (L. n° 66-879, art. 4). Un gérant peut être désigné par un acte ultérieur aux statuts constitutifs. – Les gérants sont « responsables, individuellement ou solidairement selon les cas, envers la société ou envers les tiers, ***soit des infractions aux lois et règlements, soit de la violation des statuts, soit***	– En principe, chaque associé détient une voix en AG (L. n° 66-879, art. 13). Les parts sociales sont normalement transmises ou cédées avec le consentement d'au moins les trois quarts des voix ; néanmoins, une majorité plus forte ou l'unanimité peut être prévue par les statuts (L. n° 66-879, art. 19). – Les associés ont un droit au bénéfice réalisé par la société (L. n° 66-879, art. 14). Toutefois, de nouveau, les décrets particuliers et souvent les statuts prévoient les modalités de répartition applicables à chaque profession.

des fautes commises dans leur gestion » (L. n° 66-879, art. 12). – De ce fait, et malgré l'absence de lien de subordination, la surveillance d'un ou plusieurs gérants « managers » (aguerris) est usuelle.	– Enfin, un associé peut se retirer à tout moment de la société, sans ne pouvoir être exclu de cette dernière à moins d'une interdiction d'exercer (L. n° 66-879, art. 24), en cédant ses parts sociales ou en étant remboursé de la valeur de ses dernières par la société (L. n° 66-879, art. 16).

3 Aspect fiscal

Les SCP ***peuvent opter pour l'IS mais sont par principe frappées par l'IR***, régime des sociétés de personnes ayant la personnalité morale (CGI, art. 8 *ter*).

Le bénéfice net est donc imposé suivant les règles prévues pour les bénéfices non-commerciaux (CGI, art. 92 et s.). En outre, ***les SCP échappent***, si elles respectent les conditions légales et réglementaires, ***à l'impôt commercial pour leurs opérations subsidiaires***.

4 Cas spécifiques de dissolution

La société peut faire l'objet d'une dissolution dès lors qu'une peine disciplinaire est prononcée à l'encontre ***de l'ensemble des associés ou contre la société*** (en tant que personne morale). Toutefois, la société échappe à une dissolution lorsqu'une sanction ne frappe qu'un seul associé et sauf disposition contraire prévue par voie décrétale (L. n° 66-879, art. 24).

En outre, si les associés venaient collectivement à décéder ou qu'ils étaient frappés par une incapacité civile, la société serait dissoute.

Enfin, la dissolution de la société entraîne sa liquidation et le partage de l'actif selon les dispositions légales et réglementaires spécifiquement ou communément applicables, voire selon les dispositions statutaires si elles ne contreviennent pas aux règles impératives.

5 Les sociétés civiles de moyens

Les sociétés civiles de moyens (SCM) se distinguent des SCP car elles ont pour objet exclusif « la mise en commun de tous moyens matériels et utiles à l'exercice de la profession de ses membres » (*Cass. com., 1er mars 2011, n° 10-13795*). La formulation de cet arrêt de principe reprend l'***article 36*** (unique article du chapitre V de la loi traitant des SCM) de la loi encadrant les SCP

(L. n° 66-879) prévoyant notamment que le but d'une SCM est de « faciliter à chacun de leurs membres l'exercice de son activité » et que la société ne peut guère, d'elle-même, « exercer ».

La loi n'implique pas que la SCM soit contrôlée par un corps disciplinaire. Les ***SCM sont donc librement constituées***.

En revanche, étant une ***société de pure commodité*** n'ayant aucune activité intrinsèque, seuls des apports ***en nature et en numéraire*** peuvent être réalisés dans ce type de structure. La loi ne réserve aucune disposition relative au capital social de la SCM. Ce dernier peut être librement fixé.

La loi prévoit que les « officiers publics et ministériels » ont la possibilité de créer une SCM. Il s'agit principalement des avocats au Conseil d'État et à la Cour de cassation, des commissaires-priseurs, des greffiers des tribunaux de commerce, des huissiers et des notaires (L. n° 66-879, art. 36).

Les SCM ne font peser sur leurs « membres » aucune interdépendance. En effet, les professionnels conservent ***une totale liberté*** sur leur statut ainsi que leur activité respective. *De facto*, la SCM n'implique aucunement le partage des bénéfices réalisés par les membres. Ces derniers doivent simplement avoir réalisé une « ***économie*** » (avoir mis en commun leur frais pour les partager afin de les diminuer).

Les « associés » peuvent être des ***personnes physiques ou des personnes morales*** (exerçant leur activité en forme sociale).

Néanmoins, si les membres de la SCM peuvent exercer des professions libérales différentes, les professions doivent être connectées par un lien sectoriel : par exemple, un kinésithérapeute peut « s'associer » dans une SCM avec un ostéopathe, un expert-comptable avec un gestionnaire de patrimoine, un diététicien avec un psychologue ou encore un avocat avec un conseiller en propriété intellectuelle.

Par rapport aux créanciers (bailleur et fournisseur principalement), les « associés » ont une responsabilité indéfinie et conjointe aux dettes.

Enfin, la SCM peut être ***dissoute pour juste motif***, notamment ***le non-respect par un membre d'une de ses obligations*** (*Cass. com., 23 juin 2015, n° 14-16065*).

La mésentente n'est pas un motif de dissolution puisqu'elle ne paralyse pas « l'activité » de la société. En revanche, une mésentente qui déboucherait sur une paralysie de la finalité de la société (le financement des moyens permettant l'activité), serait susceptible de justifier la dissolution judiciaire anticipée de la structure (*Cass. com., 21 juin 2011, n° 10-21928*).

Chapitre 6

La société civile de placement immobilier

La société civile de placement immobilier (SCPI) a été créée en 1970 par la loi n° 70-1300 du 31 décembre 1970. Elle est aujourd'hui encadrée ***par les articles L. 214-86 et s. et R. 214-130 et s. du Code monétaire et financier****. La place de la SCPI dans le Code monétaire et financier permet de comprendre qu'elle est considérée comme un «* ***organisme de placement collectif*** *» (C. mon. fin., art. L. 214-1). En effet, elle se trouve sous le* ***paragraphe 4*** *de la sous-section 2 relative aux « Fonds ouverts à des investisseurs non professionnels » du chapitre VI « Placements collectifs » du titre 1er, correspondant aux « Instruments financiers ». La SCPI est donc un* ***produit financier de placement****.*
Étant une forme particulière de société civile, afin d'en comprendre le fonctionnement, elle nécessite d'exposer un nombre important de définitions.

1 Histoire et réglementation

La notion de « société civile de placement immobilier » n'est pas apparue tout de suite. En 1970, la loi a tout d'abord fixé le régime « ***applicable aux sociétés civiles autorisées à faire publiquement appel à l'épargne*** ». Cette loi dérogatoire est venue contourner les mesures prévues par le Code civil qui n'ouvraient pas la possibilité aux sociétés civiles d'effectuer des appels publics à l'épargne. La SCPI en tant que telle n'a été consacrée que beaucoup plus tard – plus de 20 ans après – en 1993 par la loi n° 93-6 qui créa également les sociétés de crédit foncier et les fonds communs de créances.

Les SCPI sont placées sous le contrôle de l'Autorité des marchés financiers qui intervient dans le cadre de ***l'agrément de la société de gestion*** (v. *infra*), un des organes qui permet le fonctionnement de la SCPI.

De plus, le Code monétaire et financier est à lire et interpréter en concordance avec le ***règlement général de l'Autorité des marchés financiers*** (RG-AMF). En tant qu'instrument financier, la

SCPI entre donc inévitablement dans le champ d'application de ce texte. Plus encore, ce sont les différentes sanctions, injonctions et « DOC » (doctrine ou ***instruction***) de l'AMF qui, en complément du règlement général et du Code monétaire et financier, prévoient la majeure partie les règles applicables aux SCPI. L'Autorité est notamment :

- l'interlocuteur des éventuelles « irrégularités et inexactitudes relevées par [les commissaires aux comptes] dans l'accomplissement de leur mission » (C. mon. fin., art. L. 214-110) ;
- « ***la personne [morale] qui agréer*** la société de gestion de portefeuille qui gère la SCPI » (C. mon. fin., art. L. 532-9, II) ;
- celle qui vise la note ***d'information à destination des investisseurs***, et ***reçoit préalablement le bulletin de souscription*** (règl. AMF, art. 422-226) ;
- celle qui ***détient une prérogative*** sur la nomination, les conditions d'exercice de la mission et sur la nature des prestations ***de l'expert externe en évaluation*** (règl. AMF, art. 422-236 ; v. *infra*).

L'Autorité des marchés financiers

L'AMF est le fruit d'un groupement opéré entre la Commission des opérations de Bourse (COB), le Conseil des marchés financiers (CMF) et le Conseil de discipline de la gestion financière (CDGF).

L'AMF a été créée en 2003 par la loi n° 2003-706 de sécurité financière. Elle est une ***autorité administrative indépendante*** ayant pour objectif de « ***réguler, superviser, informer et protéger*** ».

Parmi ses missions, l'AMF :

Veille	Contrôle
– à la protection de ***l'épargne investie dans les instruments financiers*** donnant lieu à une offre au public ou à une admission aux négociations sur instruments financiers et dans tout autre placement offert au public ; – à l'information des investisseurs ; – au bon fonctionnement des marchés d'instruments financiers.	– les marchés financiers et leurs infrastructures ; – les sociétés cotées ; – les intermédiaires financiers autorisés à fournir ***des services d'investissement*** ; – les produits d'épargne collective investie dans des instruments financiers ; – les émetteurs de jetons (ICO) ; – les prestataires de services sur actifs numériques (PSAN).

À sa création, l'AMF a acquis la ***personnalité morale*** : elle peut donc agir directement et porter des actions judiciaires en matière pénale, notamment pour des délits d'initié ou des manipulations de cours. Elle détient également des ***prérogatives administratives*** lui permettant de faire cesser certains comportements sur les marchés. Grâce à ses pouvoirs d'enquête, d'injonction et de sanction, l'AMF peut d'agir rapidement pour réaliser ses objectifs. En revanche, son pouvoir de sanction est limité à l'infliction de peines d'amendes.

Depuis 2014, l'AMF a renforcé sa ***vision stratégique*** en créant un Conseil scientifique visant à faire évoluer le Code monétaire et financier et à renforcer les attributions potentielles de l'institution.

Le président de l'AMF est nommé par décret pour une durée de cinq ans non renouvelable par le président de la République. Nommé en 2017, l'actuel président Robert Ophèle exécutera son mandat jusqu'en 2022.

2 Objectifs

En vertu du Code monétaire et financier, deux missions sont conférées aux SCPI :

- l'acquisition directe ou indirecte, y compris en l'état futur d'achèvement, et la gestion d'un ***patrimoine immobilier affecté à la location*** ;
- l'acquisition et la gestion d'immeubles ***qu'elles font construire exclusivement en vue de leur location*** (C. mon. fin., art. L. 214-114).

Il est précisé que, pour la gestion des actifs mis en location et détenus par la SCPI, cette dernière peut « procéder à des travaux de toute nature » dans ces immeubles, notamment de construction, de rénovation, d'entretien, de réhabilitation, d'amélioration, d'agrandissement, de reconstruction, de mises aux normes environnementales ou énergétiques (C. mon. fin., art. L. 214-114).

Les SCPI peuvent « en outre, céder des éléments de patrimoine immobilier dès lors qu'elles ne les ont pas achetés en vue de les revendre et que de telles cessions ne présentent pas un caractère ***habituel*** » (C. mon. fin., art. L. 214-114).

Néanmoins l'achat-revente ***n'est pas la mission*** d'une SCPI et afin de pouvoir réaliser – de ***manière exceptionnelle*** – de telles opérations, la société doit être propriétaire de l'immeuble cédé depuis au moins cinq ans (i) et la valeur cumulée des immeubles cédés au cours ***d'un exercice de douze mois*** ne doit pas excéder ***15 % de la valeur vénale du patrimoine immobilier de la SCPI figurant au bilan du dernier exercice clos*** (C. mon. fin., art. R. 214-157).

Le Code monétaire et financier précise que « si aucune cession n'est réalisée au titre d'un exercice, ou au cours de deux exercices successifs, cette limite peut être reportée et cumulée avec celle de l'exercice suivant, ***dans la limite de trois exercices*** ». Il précise également que cette limite n'est pas applicable « aux cessions réalisées au cours des trois années qui précèdent le terme de la période statutaire de la société civile de placement immobilier, à condition que cette période ne soit pas ultérieurement prorogée et qu'aucun investissement immobilier nouveau ne soit effectué avec le produit des cessions réalisées » (C. mon. fin., art. R. 214-157).

Enfin, la SCPI ***ne peut pas, même subsidiairement, acquérir des biens meubles***. La loi *PACTE* prévoyait un élargissement du champ des actifs pouvant constituer une SCPI. Toutefois, les articles 181 et 183 de la loi ***ont été censurés par le Conseil constitutionnel*** à la suite d'une décision de conformité (*Cons. const., 16 mai 2019, n° 2019-781 DC*).

3 Constitution

La SCPI est une société civile. Elle se voit donc appliquer les règles relatives à toutes les sociétés civiles. Néanmoins, ***le capital minimum d'une SCPI est de 760 000 €*** (C. mon. fin., art. L. 214-88). ***Le capital peut être fixe ou variable***. Lorsque la variabilité du capital est retenue par ses initiateurs, les ***articles L. 231-1 et suivants du Code de commerce s'appliquent à la société***. Un capital variable ouvre la possibilité à la SCPI de pouvoir souscrire de nouvelles parts ***à tout moment jusqu'à ce que la limite statutaire ait été atteinte***.

En pratique, ce mode de fonctionnement permet d'estimer la valeur de la SCPI ***en temps réel par rapport aux immeubles détenus et au prix (fixe) de la part sociale***. Ce mode de fonctionnement permet également ***au détenteur d'une part d'entrer ou de sortir à tout moment***. Afin d'éviter de se retrouver dans une situation de retrait en chaîne soudain, la SCPI peut prévoir la constitution d'un fond de remboursement alimenté par les ventes réalisées.

Dans les SCPI, le montant minimum d'une part sociale doit être de 150 € ; les parts sociales sont nominatives (C. mon. fin., art. L. 214-88).

En outre, les SCPI sont ***exclusivement*** constituées :

– d'immeubles construits ou acquis, en vue de leur location ;
– de parts de sociétés de personnes ***qui ne sont pas admises aux négociations sur un marché*** et qui satisfont quatre conditions prévues par l'article 214-115 du Code monétaire et financier (la condition principale étant que l'actif de la société soit constitué d'immeubles acquis ou construits en vue de réaliser une location) ;

- de parts de SCPI, de parts ou actions d'OPC immobiliers ou professionnels et de parts, actions ou droits détenus dans des organismes de droit étranger ayant un objet équivalent quelle que soit leur forme ;
- de dépôts et de liquidités ;
- d'instruments financiers à terme (tels que les options sur les matières premières, les taux, indices et devises des contrats portant sur un transfert de risques, des contrats visant un paiement différentiel, et tous autres contrats négociés sur un marché réglementé, un système multilatéral de négociation ou un système organisé de négociation) ;
- d'avances en compte courant (C. mon. fin., art. L. 214-115).

En revanche, les SCPI ne peuvent détenir d'actions, parts, droits financiers ou droits de vote dans une entité, quelle que soit sa forme, dont ***les associés ou membres répondent indéfiniment et solidairement des dettes de l'entité*** (C. mon. fin., art. L. 214-115).

Malgré le fait que la SCPI soit une société civile (et donc une société de personnes), la responsabilité des associés est ***par dérogation limitée aux apports et éventuellement au double du montant de la part*** ; toutefois, les statuts peuvent prévoir que la responsabilité de chaque associé est limitée ***seulement*** au montant de sa part dans le capital de la société (C. mon. fin., art. L. 214-89).

Une SCPI peut se former par voie d'offre au public de ses titres ou sans offre publique (C. mon. fin., art. L. 214-87). Lorsque la SCPI n'a pas décidé lors de sa formation d'offrir ses titres au public, ***elle peut le faire ultérieurement*** en procédant « avant cette opération, à la vérification de son actif et de son passif » (C. mon. fin., art. L. 214-91).

L'offre des titres de SCPI au public

Le règlement général de l'AMF prévoit à l'article 422-192 la marche à suivre afin qu'une SCPI soit autorisée à offrir ses titres au public.

La SCPI doit établir une note d'information autorisée « visée » par l'AMF ainsi qu'un bulletin de souscription. ***Le dossier de souscription contient notamment les statuts de la SCPI***.

De plus, lors de la première offre au public, la SCPI est subordonnée à la souscription et la libération du capital d'origine par les fondateurs, à ***l'agrément de la société de gestion***, à l'acceptation de ***l'expert externe*** en évaluation immobilière désignée et à ***l'approbation de la garantie bancaire*** mentionnée à l'article 422-190 du RG-AMF.

Enfin, lorsque les titres de la SCPI ciblent des clients « non-professionnels » au sens de la réglementation européenne, les SCPI doivent également remettre un « DCI » (document clé d'information) aux investisseurs potentiels afin de les éclairer sur les principales caractéristiques du produit et les avertir des ***différents risques d'investissement*** auxquels ils s'exposent (règl. UE, n° 1286/2014, 26 nov. 2014, art. 14).

Le temps de détention minimum d'une part de SCPI est de 3 ans (règl. AMF, art. 422-189-1). En revanche, plusieurs analystes financiers s'accordent pour conclure que le temps de détention « optimal » est de ***10 ans***. Cette période correspond à un taux de rentabilité ***mature*** prenant en compte l'investissement initial, la valeur de la part ainsi que les dividendes versés.

Les apports en numéraire sont le principe dans une SCPI. Le montant afférent à la part libérée lors de la souscription est ***d'au moins un quart de sa valeur nominale***, ou en totalité. Une libération partitionnée doit intervenir en totalité dans ***un délai maximum de 5 ans à compter de la souscription*** (C. mon. fin., art. L. 214-96). Les fondateurs ne peuvent aucunement réaliser d'apport en industrie (C. mon. fin., art. L. 214-91). En revanche, les apports en nature sont autorisés dans les SCPI s'ils respectent les prescriptions de ***l'article 214-115 du Code monétaire et financier*** (v. *supra*).

La SCPI doit ensuite respecter les formalités de publicité prévues pour toutes les sociétés (v. *supra*) et obtient la personnalité morale à compter de son immatriculation au RCS.

4 Gestion et fonctionnement

Le Code monétaire et financier prévoit que les sociétés civiles de placement immobilier sont administrées par :

– une société de gestion « de portefeuille » ;

– un organe de « décision ».

Une société de gestion « de portefeuille »	L'assemblée générale des associés
– La gérance est assurée par une société de gestion (C. mon. fin., art. L. 214-98), considérée comme un « prestataire en services d'investissement » (C. mon. fin., art. L. 531-1). Elle doit donc agir « d'une manière honnête, loyale et professionnelle, servant au mieux les intérêts des investisseurs » (C. mon. fin., art. L. 533-22-2-1).	– L'AG peut être ordinaire (C. mon. fin., art. L. 214-103) ou extraordinaire, pour : • se prononcer sur une opération de fusion (C. mon. fin., art. L. 214-112) ; • statuer sur l'évaluation des apports en nature et l'octroi d'avantages particuliers en

– La société de gestion doit être agréée par l'AMF (C. mon. fin., art. L. 532-9). En outre, elle a son siège social en France et ***peut revêtir toute forme sociale*** à la condition que ses comptes fassent l'objet d'un contrôle légal (règl. AMF, art. 371-1).
– Elle est elle-même dirigée par « 2 personnes au moins possédant l'honorabilité nécessaire ainsi que l'expérience adéquate à leurs fonctions, en vue de garantir sa gestion saine et prudente » (règl. AMF, art. 371-2).
– Sa mission principale est d'« utiliser à tout moment les ressources humaines et techniques adaptées et appropriées nécessaires pour la bonne gestion » de la SCPI (règl. AMF, art. 318-1). Elle doit donc plus exactement mettre en place « de solides procédures administratives et comptables, des dispositifs de contrôle et de sauvegarde dans le domaine du traitement électronique des données, ainsi que des mécanismes de contrôle interne adéquats » (règl. AMF, art. 371-1).

cas d'augmentation de capital (C. mon. fin., art. L. 214-91) ;
• modifier les statuts (C. mon. fin., art. L. 214-103).
– L'AGO se « réunit dans un délai de 6 mois à compter de la clôture de l'exercice pour l'approbation des comptes » (C. mon. fin., art. L. 214-103).
– L'AGO a également pouvoir pour se prononcer sur les conventions passées entre la SCPI et la société de gestion ou tout associé de cette dernière (C. mon. fin., art. L. 214-106).
– En AGO ou en AGE, « chaque associé dispose d'un nombre de voix proportionnel à sa part du capital social. Les décisions sont prises à la majorité des voix dont disposent les associés présents ou représentés » (C. mon. fin., art. L. 214-103).

Enfin, la société est « contrôlée » par :
– ***un dépositaire*** qui pour rôle principal de veiller à ce que tous les paiements soient effectués par les porteurs de parts sociales et plus généralement de suivre les flux de liquidités (C. mon. fin., art. L. 214-24-8) ;
– ***un expert externe en évaluation*** dont la mission est l'évaluation de façon appropriée et indépendante des actifs de la SCPI et le calcul de la valeur liquidative de ses parts (C. mon. fin., art. L. 214-24-8) ;
– ***un conseil de surveillance*** qui est « chargé d'assister la société de gestion ». Il est composé d'au moins ***7 associés*** de la SCPI désignés par l'AGO. Le conseil « opère les vérifications et les contrôles qu'il juge opportun à tout moment. Il peut se faire communiquer tout document ou demander à la société de gestion un rapport sur la situation de la société [...] sur la gestion de laquelle il présente un rapport à l'assemblée ordinaire » (C. mon. fin., art. L. 214-99) ;
– ***un CAC*** (C. mon. fin., art. L. 214-110 ; v. *supra*).

5 Fiscalité

En principe, la société n'est pas soumise à l'impôt sur les sociétés (CGI, art. 239 *septies*). Le fait que les bénéfices soient imposés directement au niveau des associés en fait une structure « ***transparente*** » (CGI, art. 8).

La SCPI peut en revanche ***choisir l'assujettissement à la TVA*** pour la perception des loyers générés par des baux commerciaux (CGI, art. 262).

Enfin, il est à noter que le non-respect de ***l'objet social*** par une SCPI proposant ses titres au public entraîne la perte du régime fiscale prévu par l'article 239 *septies* du CGI (v. notamment, CGI, art. 35).

La SCPI « fiscale »

Certaines SCPI sont qualifiées de « fiscales » : c'est le cas lorsque leur régime ou le régime des biens dans lesquels elles investissent sont liés à une réduction particulière d'impôt ou une réduction de l'assiette fiscale (la base de calcul permettant le calcul de l'impôt). Parmi ces régimes, le plus récent est celui instauré par la loi (ou dispositif) « *Pinel* » introduit par la loi de finance 2015 (L. n° 2014-1654, 29 déc. 2014) ayant créé l'***article 199 novovicies du CGI.***

6 Dissolution

Les règles communes, applicables à toutes les sociétés, prévues par le Code civil (v. *infra*), frappent également les SCPI. Toutefois, le Code monétaire et financier prévoit quelques cas particuliers de dissolution.

En effet, si au cours de la vie de la société, le montant nominal des parts formant le capital social est diminué, il ne doit pas être ***inférieur à 150 € sous peine d'entraîner la dissolution de la structure sociale*** (C. mon. fin., art. L. 214-88).

En outre, l'article L. 214-93 du Code monétaire et financier prévoit que « lorsque la société de gestion constate que les ordres de vente inscrits depuis plus de douze mois sur le registre mentionné au I représentent au moins 10 % des parts émises par la société, elle en informe sans délai l'Autorité des marchés financiers. La même procédure est applicable au cas où les demandes de retrait non satisfaites dans un délai de douze mois représentent au moins 10 % des parts ». Suite à cette information, dans ***un délai de 2 mois***, « la société de gestion convoque une assemblée générale extraordinaire et lui propose la cession partielle ou totale du patrimoine et toute autre mesure appropriée » telle qu'une dissolution de la SCPI.

PARTIE 3 Les sociétés commerciales de personnes

Chapitre 7

La société en nom collectif (SNC)

La société en nom collectif (SNC) figurait déjà, parmi les premières formes existantes, dans le Code de commerce de 1807, avec la société anonyme (SA) et la société en commandite par actions (SCA). L'appellation « société en nom collectif » tient sa source de l'obligation, dans la loi de 1807, de voir apparaître dans la raison sociale de la société (devenue la « dénomination sociale ») soit le nom de l'un des associés suivi de la mention « & compagnie », soit les noms de tous les associés. Les associés étaient liés en leur ***« nom collectif »****. Cette obligation a disparu dans une moindre mesure en 1985 (L. n° 85-695, 11 juill. 1985). En effet, une SNC a toujours l'obligation de communiquer avec l'adjonction des mots « société en nom collectif » (ou « SNC ») après sa dénomination sociale (C. com., art. L. 221-2). En revanche, la présence des noms des associés dans la dénomination est devenue* ***facultative*** *(C. com., art. L. 221-2).*

Les sociétés en nom collectif sont des sociétés de personnes, opposées en théorie aux sociétés de capitaux. Les sociétés de personnes se définissent comme des sociétés dans lesquelles l'*intuitu personæ* (littéralement « en fonction de la personne », pour exprimer l'importance des ***qualités d'une personne***) est fortement marquée. Il est le mètre étalon qui va faire ***se créer la société***.

Le régime de la SNC est prévu par les ***articles L. 221-1 et suivants du Code de commerce***.

D'après l'***INSEE*** (Institut national de la statistique et des études économiques), ***en 2017***, il était possible de dénombrer en France plus de 2,2 millions de sociétés commerciales, dont seulement 3 % n'étaient pas des SARL ou des SAS, ou leur forme unipersonnelle. Parmi ces 3 %, on comptait un peu plus de 63 000 SNC.

Enfin, le Code de commerce et le Code monétaire et financier n'interdisent pas explicitement à la SNC de faire appel publiquement à l'épargne (comme c'est le cas pour les SARL ou les SAS). Toutefois, il est légitime de penser que les « parts sociales non négociables » d'une SNC sont exclues par l'énonciation de l'***article L. 211-1 du Code monétaire et financier***. L'***article L. 341-10*** du même Code traite des conditions de démarchage de produits financiers et semble barrer aux SNC le droit de faire publiquement appel à l'épargne.

1 Constitution et statut des associés

La SNC admet toutefois quelques exceptions aux conditions de constitution communes des sociétés commerciales (v. *supra*).

La SNC compte au minimum ***deux associés*** (C. civ., art. 1832) et ***ne connaît pas de forme unipersonnelle***. Malgré son fort *intuitu personæ*, la SNC ne prévoit pas (comme c'est le cas des SARL ; v. *infra*) une limite du nombre d'associés. Cela signifie que, théoriquement, le nombre d'associés peut être illimité.

En principe, tous les associés de la SNC sont gérants, sauf stipulation contraire des statuts (C. com., art. L. 221-3). L'article L. 221-3 du Code de commerce précise que les statuts « peuvent désigner un ou plusieurs gérants, ***associés ou non*** ». Les statuts peuvent également prévoir que la désignation du ou des gérants se fera par un acte ultérieur (une décision).

Enfin, ***aucun capital minimum*** n'est fixé par la loi pour créer une SNC. Cela signifie qu'elle peut être créée uniquement grâce aux apports en industrie des associés.

■ *Exception*

Les SNC peuvent être nommées « ***sociétés de confiance*** ». Le fort *intuitu personæ* (le caractère indispensable de la personne au sein de la structure), en raison « de ses aptitudes particulières [ou] de la nature du service attendu d'elle » (*Cornu G., Vocabulaire juridique*), fait qu'une erreur sur les ***qualités essentielles*** du cocontractant peut-être une cause de nullité (*T. civ. Seine, 3e ch., 13 févr. 1880 : Journ. sociétés 1880, p. 357*). La question ne se poserait plus, aujourd'hui, puisque le ***nouvel article 1134 du Code civil*** renforce l'*intuitu personæ* et dispose que « l'erreur sur les qualités essentielles du cocontractant » est une cause de nullité lorsqu'un contrat est conclu « en considération de la personne ».

Comme dans la majorité des sociétés commerciales, les associés peuvent être des personnes physiques ou des ***personnes morales*** (C. com., art. L. 221-3). Les personnes morales représentées par leurs dirigeants sont donc également « gérants » de la SNC dans le silence des statuts. Toutefois, la loi consacre des obligations de publicité spécifiques aux SNC et aux SCS. En effet, l'accomplissement des formalités de publicité est « ***requis à peine de nullité*** de la société, de l'acte ou de la délibération, selon les cas, sans que les associés et la société puissent se prévaloir, à l'égard des tiers, de cette cause de nullité » (C. com., art. L. 235-2).

La loi prévoit également que les associés d'une SNC aient la ***qualité de commerçant***. Ainsi, outre les capacités d'exercice et de jouissance classiques, symbolisées par le fait de ne pas être frappé d'incapacité (C. civ., art. 509) ou de ne pas être mineur (C. com., art. L. 121-2) au moment de la création de la société, la SNC (comme la SCS) prévoit que les associés ne doivent pas avoir été frappés d'une ***interdiction de gérer*** (C. pén., art. 131-27).

De ce fait, ***le Kbis d'une SNC fait état de l'intégralité des associés***, tous étant considérés comme gérants. Un Kbis classique ne fait mention que de l'identité du gérant – ou du président voire du directeur général selon les sociétés. Les sociétés civiles et celles dont la ***nature*** est ***civile*** ne peuvent être associées d'une SNC, cette dernière conférant la qualité de commerçant. Ce principe exclut les SELARL et certaines sociétés dont la commercialité par la ***forme*** n'est pas contestée (v. *supra*).

■ *Responsabilité indéfinie des associés*

L'article L. 221-1 du Code de commerce dispose que « les associés en nom collectif ont tous la qualité de commerçant et répondent indéfiniment et solidairement des dettes sociales ».

L'immense désavantage de la SNC réside dans la ***responsabilité illimitée et solidaire*** de ses associés ayant tous la qualité de commerçant. Toutefois, il est possible de se ***soustraire***, par « montage » au régime de responsabilité prévu par le Code de commerce. Lorsqu'une SNC n'est composée ***que*** de personnes morales à risques limités (sociétés de type SA, SARL ou SAS), seul leur patrimoine est engagé, sans que soient inquiétés les membres de ces sociétés. Certains auteurs (J. Vallansan et P. Diener) n'hésitent pas à parler de « leurre » de la responsabilité dans les SNC.

Il convient de noter qu'en cas de procédures collectives (difficultés rencontrées par l'entreprise), depuis la loi n° 2005-845 du 26 juillet 2005 de sauvegarde des entreprises, les associés d'une SNC ne sont plus « automatiquement » sujets à l'ouverture de la même procédure. Ce n'est désormais plus qu'un risque auquel sont confrontés les associés de la SNC. La qualification de cessation des paiements est appréciée souverainement et *in concreto* par une juridiction par rapport au rôle de chacun des associés.

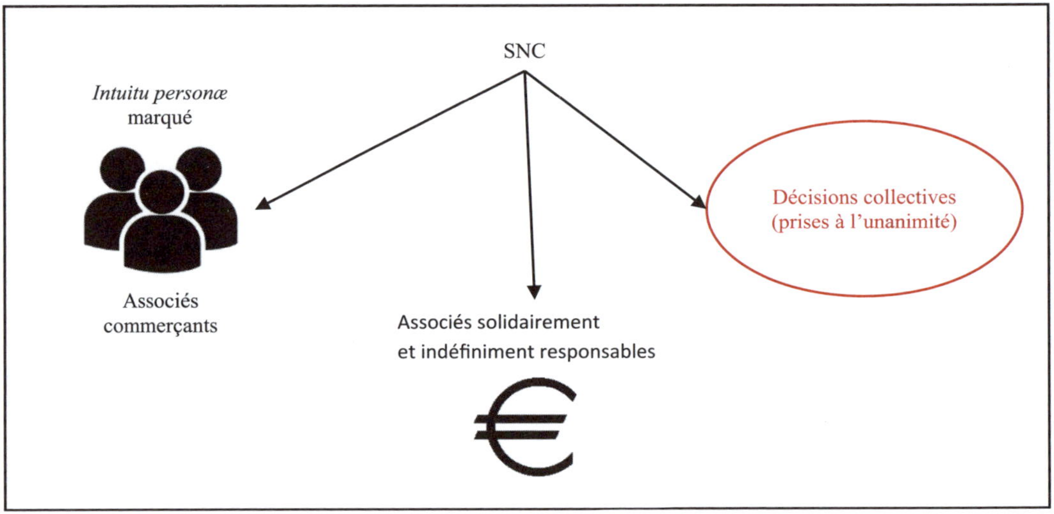

2 Gérance

Le gérant de la SNC peut « faire tous actes de gestion dans l'intérêt de la société » (C. com., art. L. 221-4). Lorsqu'il y a plusieurs gérants, ils peuvent détenir séparément les pouvoirs de réaliser tout acte dans l'intérêt de la société (C. com., art. L. 221-4). Ils peuvent en outre « s'opposer à toute opération avant qu'elle soit conclue » (C. com., art. L. 221-4). Ce droit de veto doit impérativement être exercé avant la conclusion de l'acte contredit. Par exemple, l'opposition à l'exercice d'une action en justice n'est valable qu'avant la délivrance de l'assignation introductive d'instance (*Cass. 1re civ., 23 juin 1992 : Juris-Data n° 1992-002673*).

Dans les rapports avec les tiers, le gérant engage la société par les actes entrant dans l'objet social (C. com., art. L. 221-5). Par opposition, pour les actes n'entrant pas dans l'objet social, la société n'est pas engagée. En présence de plusieurs gérants, en principe, « l'opposition formée par un gérant aux actes d'un autre gérant est sans effet à l'égard des tiers » (C. com., art. L. 221-5). De même, « les clauses statutaires limitant les pouvoirs des gérants qui résultent du présent article sont inopposables aux tiers » (C. com., art. L. 221-5). Néanmoins, la situation est différente lorsque le tiers a eu ***connaissance*** de l'opposition d'un gérant à l'opération critiquable (C. com., art. L. 221-5).

Lorsque le ou les gérants de la société sont des personnes morales, une désignation formelle du gérant n'est pas nécessaire. Le Code de commerce attribue au dirigeant de la personne morale la tâche d'administrer la SNC dans les « mêmes conditions et obligations [...] que s'ils étaient gérants en leur nom propre » (C. com., art. L. 221-3).

Le Code de commerce ne réserve pas de gérance exclusive de la SNC. Ainsi, un associé peut tout à fait être dirigeant dans une autre société – sauf si les statuts le stipulent autrement.

Les associés d'une SNC ne peuvent pas être salariés de la société. La Cour de cassation a retenu, que le cumul, bien qu'aucunement interdit, était difficilement envisageable car, la qualité « ***suppose un lien de subordination*** », ce qui n'est ***pas compatible*** avec le statut de commerçant conféré par la qualité d'associé (*Cass. soc., 14 oct. 2015, n° 14-10960*). En revanche, un gérant non associé ***peut être salarié d'une* SNC** (*CA Montpellier, 5e ch., sect. A, 17 juin 2002, n° 01/04127*). La nomination ou la révocation d'un nouveau gérant doit faire l'objet d'une publication au RCS, au *BODACC* et dans un JAL.

La révocation du gérant est singulière selon sa situation. ***Elle est scrupuleusement encadrée par l'article L. 221-12 du Code de commerce.*** Le Code de commerce sanctionne les révocations sans juste motif, ces dernières pouvant donner lieu à dommages-intérêts (C. com., art. L. 221-12).

Gérant statutaire associé	Gérant statutaire non associé	Gérant non statutaire et non associé
– Décision ***unanime*** de tous les associés – La décision entraîne la dissolution de la société (sauf stipulation contraire)	– Révoqué dans les conditions prévues par les statuts – À défaut, par une décision des autres associés, gérants ou non, ***prise à l'unanimité***	Révoqué dans les conditions prévues par les statuts ou, à défaut, par une décision des associés prise à la majorité

3 Organisation

Les associés de la SNC sont compétents pour assumer toutes les « décisions qui excèdent les pouvoirs reconnus aux gérants » (C. com., art. L. 221-6). Elles sont prises à l'unanimité des associés

(C. com., art. L. 221-6). En revanche, l'***article L. 221-6 du Code de commerce*** offre aux associés la possibilité de prévoir dans les statuts que les décisions soient prises :

– soit « à une majorité » ;
– soit, si la réunion d'une assemblée n'est pas demandée par l'un des associés, « par voie de consultation écrite ».

La loi reste silencieuse sur les décisions qui peuvent être prises par voie de consultation écrite ou à la majorité statutaire. Cela a pour effet direct de créer une liberté contractuelle pour les associés de la SNC, qui sont admis à déterminer les décisions qui ne nécessiteront pas l'unanimité en assemblée.

Toutefois, certaines décisions doivent être prises unanimement. Parmi celles-ci :

– le cautionnement par la société d'un ***prêt bancaire*** (*Cass. com., 18 mars 2003, n° 00-20041*) s'il est ***conforme à l'objet social*** (*Cass. com., 8 nov. 2011, n° 10-24438*) ;
– les cessions de parts sociales de la SNC, à peine de nullité (C. com., art. L. 221-13) ;
– la continuation de l'activité à la suite de l'ouverture d'une procédure collective à l'encontre d'un associé (C. com., art. L. 221-12) ;
– l'approbation des comptes sociaux annuels (*Cass. com., 21 mars 1995, n° 93-14580*) ;
– les décisions de transformation en SAS (C. com., art. L. 221-3).

Responsabilité pour défaut d'agrément relatif à une cession de parts dans une SNC

La Cour de cassation a eu récemment à se prononcer sur une question nouvelle : l'absence d'exercice du droit d'agrément prévue par la loi, dans une société en nom collectif, par un associé.

En effet, l'article L. 221-13 du Code de commerce impose que les cessions dans une SNC soient le fruit d'une décision collective prise à l'unanimité (« *avec le consentement de tous les associés* »). Qu'en est-il lorsqu'un associé, sans motif valable, garde le silence durant six années, sur toutes propositions de céder ? La Cour de cassation a retenu que l'associé « s'était fautivement abstenu d'exercer son droit d'agrément » et qu'ainsi, sa responsabilité **était engagée à l'égard de son associé** (*Cass. com., 6 février 2019, n° 17-20112*).

En conséquence, avec certitude, le cédant lésé pourra obtenir l'allocation de dommages-intérêts pour le préjudice qu'il a subi ; mais il est également possible d'imaginer que la décision soit prise par le Président du tribunal de commerce ; ou qu'un mandataire *ad hoc* soit nommé pour prendre la décision en lieu et place de l'associé fautif.

La réunion d'une assemblée d'associés est possible à la demande d'un associé (C. com., art. L. 221-6). En pratique, les associés peuvent décider d'inclure dans les statuts une clause permettant d'octroyer à chaque part sociale une voix en assemblée. Néanmoins, l'*intuitu personæ* et le principe de la société de personne veulent que chaque personne soit l'équivalent ***d'une voix, peu importe son poids dans le capital social de la SNC***.

Enfin, les associés non impliqués dans la gérance de la société bénéficient du « droit, deux fois par an, d'obtenir communication des livres et documents sociaux et de poser par écrit des questions sur la gestion sociale, auxquelles il doit être répondu également par écrit » (C. com., art. L. 221-8).

Associé commun en biens et qualité d'associé

Selon l'article 1832-2 du Code civil, un époux commun en biens, dont le conjoint aurait fait l'acquisition de parts sociales non-négociables (d'une SARL, une SNC ou une SCS) autorisée, a la qualité d'associé ***pour la moitié des parts souscrites ou acquises, au conjoint qui a notifié à la société son intention d'être personnellement associé***.

Concernant les SNC, l'article L. 221-13 du Code de commerce (précité), impose le consentement de tous les associés afin de permettre l'entrée d'un nouvel associé. En balance des articles 1832-2 du Code civil et L. 221 du Code de commerce, la Cour de cassation a pris une position novatrice pour résoudre le problème d'un pourvoi complexe.

En effet, bien qu'une revendication de la qualité d'associé (C. civ., art. 1832-2) ne soit pas une cession, l'article L. 221-13 du Code de commerce doit être appliqué. Ainsi, le consentement de tous les associés, dans les formes prévues par la loi est nécessaire (*Cass. com., 18 nov. 2020, n° 18-21797*).

4 Considérations fiscales

En principe, la SNC est soumise à l'IR (CGI, art. 60). La structure est « transparente » (*pass-through*). Toutefois, elle peut opter pour être imposée à l'IS (v. *supra*).

5 Cas spécifiques de dissolution

La dissolution anticipée d'une SNC est possible dans les conditions de droit commun (v. *infra*), à la différence que les associés sont ***personnellement responsables des dettes de la société*** jusqu'à la clôture de la liquidation de cette dernière (v. *infra*).

La faillite personnelle (la liquidation judiciaire) d'un associé peut engendrer la dissolution de la société (C. com., art. L. 221-16), sauf si sa continuation est prévue par les statuts et décidée à l'unanimité (C. com., art. L. 221-16).

En principe, le décès d'un associé met également fin à la société (C. com., art. L. 221-15). Toutefois, les statuts peuvent prévoir que ***la société continuerait avec*** :

- ***soit son héritier ou seulement avec les associés survivants*** (après agrément de l'entrée de l'héritier par les autres associés) ;
- ***soit avec le conjoint survivant*** ;
- ***soit avec un ou plusieurs des héritiers*** ;
- ***soit avec toute autre personne désignée par les statuts*** ou, si ceux-ci l'autorisent, par dispositions testamentaires.

Enfin, une ***mesure d'incapacité*** (C. com., art. L. 221-16) ou ***une interdiction commerciale*** (C. com., art. L. 221-16) frappant un associé sont également des causes de dissolution. Comme dans les autres cas, la continuation peut être l'exception au principe. Elle doit être mentionnée dans les statuts.

Chapitre 8

La société en commandite simple (SCS)

Il existe deux types de sociétés en commandite : les sociétés en commandite simple (SCS) et les sociétés en commandite par actions (SCA ; v. infra). Les SCS sont des ***sociétés de personnes****. Le Code de commerce applique un certain nombre de dispositions relatives aux SNC, aux SCS (plusieurs dispositions du chapitre II de la partie II du livre II du Code de commerce).*

En revanche, dans les SCS, il est possible de trouver deux types d'associés :

- les associés « ***commandités*** » : ils ont « le même statut que les associés de [SNC] » (C. com., art. L. 222-1). Ils ont donc ***tous la qualité de commerçant***. Ils sont ***actifs au sein de la structure sociale***. Ce sont eux qui ont la charge de la gérance de la société ;
- les associés « ***commanditaires*** » (C. com., art. L. 222-1, al. 2) : à l'inverse, ils sont ***passifs*** et ne sont pas obligés par les dettes contractées par la société. Ils sont tenus aux ***pertes*** « seulement à concurrence du montant de leur apport » (C. com., art. L. 222-1, al. 2).

Pour différencier les catégories d'associés, la jurisprudence a retenu que « l'associé dont la qualité ne figure pas dans les statuts est ***réputé commandité*** » (*CA Paris, 5 déc. 2001 : BJS 2002, p. 536, Godon L.*). Or, c'est en ce point que la SCS et la SNC se distinguent, puisqu'il est en effet impossible dans une SNC d'avoir une distinction d'associés. Néanmoins, les SCS sont constituées de parts sociales. Ainsi, comme dans une SNC, les titres de la société ne sont ***pas négociables*** (v. *supra*).

La SCS existait dans l'Ancien Droit et permettait, notamment au Moyen Âge, aux bourgeois d'investir dans les expéditions maritimes. Il est toutefois possible de constater historiquement que le ***déclin de la SCS*** est dû à la création de la ***société à responsabilité limitée*** en mars 1925. En effet, la SCS était utilisée comme une société permettant le financement (l'***investissement***). Aujourd'hui, le nombre de SCS en France est très faible.

1 Constitution

Les conditions de constitution communes à toutes les sociétés s'appliquent à la SCS (v. *supra*). Comme dans une SNC, ***aucun capital social minimum*** n'est nécessaire pour créer une SCS.

Le nombre ***minimum*** d'associés dans une SCS est de ***deux*** (*a contrario* de la SCA ; v. *infra*). Cependant, la société doit absolument contenir les ***deux catégories d'associés***, les commanditaires et les commandités (*T. com. Paris, 29 juin 1981 : Gaz. Pal. 1981, 2, p. 687, note Fontbressin (de) P.*).

Les apports en industrie sont ***interdits pour les associés commanditaires*** qui répondent des dettes sociales à concurrence du montant de leur apport (C. com., art. L. 222-1). À l'inverse, ils sont autorisés pour les associés commandités, qui vont agir dans la structure sociale. L'apport en industrie dans une SCS est – historiquement – encouragé. Il permet à l'associé commandité de faire valoir son savoir-faire et marque sa vocation d'entrepreneur (v. *supra*). Il n'est cependant pas illicite pour le commandité de faire un apport en nature ou en numéraire.

Depuis la loi n° 85-1372 du 23 décembre 1985 relative à l'égalité des époux dans les régimes matrimoniaux, deux époux (un commandité et un commanditaire) peuvent valablement s'associer pour créer une SCS.

Les associés commandités ont, comme dans une SNC, la ***qualité de commerçant***. Ainsi, ils ne doivent pas être frappés par un régime d'***incapacité*** ou une ***interdiction d'exercice***. Pareillement, une personne morale (SA, SAS ou SCA) peut être associée commanditée d'une SCS. Toutefois, la qualité de commerçant étant inconciliable par nature avec des sociétés civiles, elle leur bloque l'accès à l'actionnariat.

2 Fonctionnement

L'obligation indéfinie et solidaire des associés (commandités) aux dettes empêche ces derniers, comme dans une SNC, de ***cumuler*** les qualités d'associé et d'employé, qui sont incompatibles. Des gérants non statutaires peuvent être nommés dans les mêmes conditions que dans une SNC (v. *supra*).

Néanmoins, la gestion de la société est ***réservée exclusivement aux associés commandités***. En effet, le Code de commerce pose un principe de ***non-ingérence*** du commanditaire dans les affaires sociales (C. com., art. L. 222-6).

Les statuts fixent les conditions de décision au sein de la SCS (C. com., art. L. 222-5). La réunion d'une assemblée de tous les associés est cependant « de droit » si elle est demandée :

- soit par un commandité ;
- soit par le quart en nombre et en capital des commanditaires.

Enfin, les associés commanditaires ont le droit d'obtenir ***deux fois par an***, la communication des ***livres et documents sociaux*** de la SCS (C. com., art. L. 222-7). Ils ont également le droit de poser par ***écrit*** des questions concernant sur la gestion sociale (C. com., art. L. 222-7). Les réponses aux commanditaires doivent se faire également par écrit.

3 Considérations fiscales

La SCS est aussi une structure « transparente ». Ainsi, elle est en principe « ***automatiquement*** » soumise à l'IR (CGI, art. 206-3). Cependant, et comme une SNC, elle peut ***opter*** pour être imposée à l'IS dans les conditions prévues pour les sociétés de personnes (v. *supra*).

4 Cas spécifique de dissolution et transformation

Les causes de dissolution communes à toutes les sociétés sont applicables (v. *infra*). En revanche, l'existence de deux catégories d'associés à la création a un impact sur la société durant toute sa vie. Ainsi, conformément à l'***article L. 221-11 du Code de commerce***, la société est dissoute en cas :

- de redressement ou de liquidation judiciaire d'un des associés commandités ;
- d'interdiction d'exercer une profession commerciale d'un associé commandité ;
- d'incapacité frappant l'un des associés commandités.

En revanche, la société survit si, cumulativement :

- il existe un ou plusieurs autres associés commandités ;
- la continuation de la société est ***prévue par les statuts*** ou que les associés la décident à l'***unanimité***.

La cession de parts sociales d'un commandité à un commanditaire est possible (C. com., art. L. 222-8). Toutefois, elle n'a pas pour effet automatique de transformer l'associé commanditaire en associé commandité. Ce dernier a le choix soit de se substituer au commandité, et donc de le remplacer, soit de modifier la nature des parts en parts commanditaires.

La cession de parts sociales ne se fait en principe qu'avec le consentement à l'unanimité des associés (C. com., art. L. 222-8). Le Code de commerce prévoit toutefois que « les parts des associés commanditaires sont librement cessibles entre associés » (C. com., art. L. 222-8).

Enfin, le décès d'un associé commandité unique, s'il n'a pas d'héritier ou qu'ils sont tous mineurs, oblige à ***procéder à la nomination d'un nouvel associé commandité ou à la transformation de la société***, dans le délai d'un an à compter du décès (C. com., art. L. 222-10).

Si un nouvel associé n'a pas été désigné dans l'année qui suit la mort de l'associé commandité unique, la société est dissoute de « plein droit » (les conséquences de la dissolution de plein droit sont détaillées en partie 5). Il convient de noter, en revanche, que la société ***survit*** à la mort d'un commanditaire (C. com., art. L. 222-10).

PARTIE 4

Les sociétés commerciales de capitaux

*La distinction fondamentale entre les sociétés de capitaux et les sociétés de personnes, outre la responsabilité des associés (limités aux apports dans une société de capitaux), est la place du projet des associés : dans une société de personnes, le projet est central ; à l'inverse, dans une société de capitaux, composée d'**actions** (et non de « parts sociales », nominatives et non cessibles librement), c'est le **capital** ou l'investissement et la rentabilité qui sont **décisifs**.*

Chapitre 9

La SAS et la SASU

En 1990, le CNPF (Conseil national du patronat français) – ancêtre du MEDEF (Mouvement des entreprises de France) – a publié ses travaux, particulièrement critiques sur la non-adéquation du droit des sociétés à la pratique. Les travaux faisaient état, entre autres, de l'absence de forme sociale ***malléable*** *permettant l'élaboration de* ***projets interentreprises****.*

Les acteurs sociaux ont été entendus par le législateur, qui a créé en 1994 (L. n° 94-1, 3 janv. 1994) la benjamine des ***sociétés*** spéciales : la société par actions simplifiée (SAS). La forme unipersonnelle de la SAS, la société par actions simplifiée unipersonnelle (SASU), est née quelques années plus tard, en 1999, à la suite de la loi n° 99-587 sur l'innovation et la recherche.

Est ainsi né, dans le Code de commerce, le chapitre relatif à la société par actions simplifiée, régie par les articles L. 227-1 à L. 227-20 et L. 244-1 à L. 244-4.

Depuis plusieurs années, la pratique montre une tendance de choix évidente pour la SAS. Cette affirmation est soutenue par les chiffres puisque l'INSEE rapporte que près de 40 % des sociétés commerciales créées en 2014 l'ont été sous forme de SAS.

La SAS se voit néanmoins, toujours interdire l'« offre au public de titres financiers ou à l'admission aux négociations sur un marché réglementé de ses actions » (C. com., art. L. 227-1), malgré la possibilité offerte par la loi *PACTE*.

Épargne salariale

Le nouvel article ***L. 227-2 du Code de commerce***, sous forme de « réponse » à la rigidité légale antérieure à la loi *PACTE*, permet désormais que la SAS puisse procéder à des « offres [de titres financiers] adressées à leurs dirigeants ou leurs salariés, et le cas échéant à leurs anciens salariés, par leur employeur ou par une société liée, dans les conditions fixées par le règlement général de l'Autorité des marchés financiers ». Cette nouveauté a pour but ***la promotion de l'actionnariat salarial***.

1 Arguments en faveur d'une SAS

Tout d'abord, il convient de souligner qu'***aucun capital minimum n'est requis pour créer une SAS*** (C. com., art. L. 227-2 ancien). Sa popularité naissante au sein des PME est probablement due à cela. En effet, avant la loi *LME* (L. n° 2008-776, 4 août 2008), le capital social minimum d'une SAS était de 37 000 €.

La SAS peut être constituée avec un associé unique (C. com., art. L. 227-1), et ne disparaît pas lorsqu'elle est composée d'une pluralité d'associés mais que toutes les actions se retrouvent dans une seule main (C. com., art. L. 227-1). Depuis 2001, le capital d'une SAS peut être variable (C. com., art. L. 231-1).

La société par actions simplifiée peut faire le choix d'être ***fermée*** en prévoyant des clauses permettant l'entrée, la sortie et l'exclusion de certains associés (v. *infra*). De plus, aucun droit d'information des associés n'est prévu par les textes concernant les SAS. Néanmoins, les juges du fond ont eu l'occasion de se prononcer sur cette question. Ils ont retenu que les informations nécessaires aux décisions de leur ressort doivent leur être communiquées (*CA Limoges, 28 mars 2012, n° 10/00576*).

La SAS présente également l'attrait pour les associés de ne pas être contraints d'avoir recours à un CAC lorsque les apports en nature ne dépassent pas 30 000 € (C. com., art. D. 227-3).

Enfin, depuis la loi *LME*, les SAS peuvent « émettre des actions inaliénables résultant d'apports en industrie » (C. com., art. L. 227-1).

Valorisation des apports en industrie

La nouvelle rédaction de l'***article L. 227-1 du Code de commerce*** prévoit une valorisation des actions inaliénables résultant d'apports en industrie, dans les mêmes conditions que les apports en nature réalisés dans les SA. Toutefois, ce sont « les statuts [qui] déterminent les modalités de souscription et de répartition de ces actions ». La dernière modification réalisée par le législateur semble aller dans le sens d'un nouvel élargissement de la ***liberté statutaire*** dans les SAS (v. *infra*).

2 La SAS, terre sacrée de la liberté contractuelle

La société par actions simplifiées est largement considérée comme une « terre d'élection de la liberté de stipulation » (l'expression est l'œuvre de G. Helleringer dans sa thèse universitaire *La clause*).

La liberté statutaire, ode à la liberté contractuelle, est inscrite au Code de commerce, qui rapporte que « les statuts fixent les conditions dans lesquelles la société est dirigée » (C. com., art. L. 227-5). C'est l'une des raisons qui ont fait un choix ***privilégié*** des acteurs de la vie professionnelle.

Les mécanismes « novateurs » affichés par la SAS existaient depuis de nombreuses années dans les pays de *common law*, où la loi à une place secondaire par rapport aux pouvoirs du juge et la responsabilité des sujets de droit.

En instaurant la SAS, le législateur français s'est calqué sur les systèmes de droit anglo-saxon offrant une grande marge de manœuvre aux « entrepreneurs ». La notion n'est pas inconnue du droit français, mais l'utilisation du terme marque ici l'intégralité des acteurs prenant part à l'action sociale.

Ainsi, les statuts de la SAS peuvent prévoir l'« inaliénabilité des actions » (C. com., art. L. 227-13). Cette inaliénabilité ne peut excéder « 10 ans ». Une prorogation est possible si les associés avaient décidé une durée inférieure à 10 années (par exemple, une durée initiale de 5 ans prorogée une fois de 5 années). À la différence des sociétés anonymes, où dans le mutisme de la loi, la jurisprudence a autorisé les clauses d'inaliénabilité lorsqu'elles sont *justifiées par l'intérêt social et limitées dans le temps*.

En outre, les statuts peuvent projeter qu'un actionnaire « peut être tenu, dans les conditions prévues par les statuts, de céder ses actions » (C. com., art. L. 227-16). La loi offre donc une possibilité d'intégrer aux ***statuts*** une ***clause de rachat forcée.***

Loi n° 2019-744 du 19 juillet 2019

Avant 2019, l'article 227-19 du Code de commerce prévoyait que les clauses de rachat forcé ne devaient être adoptées et modifiées que par decision ***unanime des associés***.

Depuis 2019, une décision prise collectivement par les associés dans les conditions et formes prévues par les statuts est suffisante.

Il ne s'agit pas d'une « exclusion » à proprement parler, qui est prévue en cas de changement de contrôle d'une société associée (C. com., art. L. 227-17) mais d'un rachat forcé.

L'objectif est de permettre un fonctionnement plus régulier de la structure sociale en cas de blocage par des associés minoritaires.

Une procédure établie dans les statuts et une justification importante reste toutefois le principe. En effet, l'associé écarté et dont les actions seraient rachetées, bénéficie de la protection prévue à l'article L. 227-18 du Code de commerce selon lequel, ***si les statuts ne précisent pas les modalités du prix de cession des actions lorsque la société met en œuvre une clause introduite en application des articles L. 227-14, L. 227-16 et L. 227-17, ce prix est fixé par accord entre les parties ou, à défaut, par expertise***. Enfin, le droit d'insérer dans les statuts de la société des clauses de « *buy or sell* » (achat d'actions fondé sur une promesse de vente) ou de « *standstill* » (engagement de non-augmentation de la participation par les associés actuellement parts au pacte d'actionnaires) a été reconnu par la jurisprudence.

Le pacte d'associés (ou d'actionnaires)

Afin d'éviter les guerres de pouvoirs ou les mésententes, les associés d'une société (anonyme, par actions simplifiée voire civile), peuvent conclure un accord visant à « organiser le pouvoir au sein de la société » en prévoyant par exemple une participation, directe ou indirecte, à la gestion ; ou accentuer un pouvoir de vote.

Cet accord est généralement extrastatutaire afin de rester confidentiel. Toutefois, un « pacte » peut simplement prendre la forme d'une clause particulière négociée, tel qu'un agrément de nouveaux associés, une inaliénabilité des actions, une préemption ou un rachat à terme (v. *supra*).

Le but d'un tel pacte n'est pas ou n'était pas seulement d'organiser la gestion de la société ou le pouvoir dans cette dernière. Le pacte d'associé peut également prévoir la géographie du capital ou la rémunération du capital. En effet, les pactes d'associés sont courants dans les *start-up* – ou dans les sociétés naissantes en général – qui recherchent des investisseurs. Pour ne pas effrayer les apporteurs de capitaux, les statuts mentionnent généralement un associé majoritaire (qui peut faire pencher la balance en assemblée générale en cas de mésentente) alors que l'organisation « réelle » est prévue par un pacte d'associés. Le pacte peut donc prévoir des obligations de faire ou ne pas faire.

Lorsqu'il concerne les droits de vote, il doit nécessairement respecter les dispositions d'ordre public, dont notamment ***ne pas priver*** complètement un actionnaire de droit de vote (*Cass. com., 14 mai 2013, n° 11-22845*).

3 Transformation d'une structure existante

Les textes font une mention ***expresse*** aux décisions souhaitant la transformation de n'importe quelle structure sociale en SAS. Cette décision doit être « prise à l'unanimité des associés » (C. com., art. L. 227-3). L'unanimité s'entend dans ce contexte comme la ***totalité des associés liés par le contrat de société*** (mentionnés dans les statuts). L'« unanimité » des associés ***présents*** lors de l'assemblée délibérative n'est ***pas suffisante*** (*CA Versailles, 24 févr. 2005 : D. 2005, AJ, 1084*).

Cette règle impérative est justifiée par la liberté statutaire envisageable dans la SAS. Les statuts pouvant être négociés à – presque – ***tous les niveaux***, la transformation d'une société de personnes ou d'une SARL en SAS ne peut évincer la présence d'un associé lors de la délibération recherchant une transformation. En d'autres termes, aucun associé ne peut être ***privé*** du ***droit de négocier*** les futurs engagements qui gouverneront les rapports avec les autres associés et avec les dirigeants.

La souveraineté des statuts dans la SAS confirmée

Un arrêt du 20 novembre 2019 (*Cass. com., 20 nov. 2019, n° 18-17787*) démontre encore l'importance des statuts dans la direction et l'administration de la SAS. En l'espèce, une clause (prévoyant une réduction du prix de cession des droits sociaux attachés à la personne du cédant confirmée dans ses fonctions d'administrateur) ***n'a pas trouvé vocation à s'appliquer*** du fait que la société ait été transformée en SAS et que les « nouveaux statuts » ne faisaient aucune mention d'un Conseil d'administration dans la direction de la structure mutée.

Cet arrêt confirme l'arrêt de principe du 25 janvier 2017 (*Cass. com., 25 janv. 2017, n° 14-28792*), retenant que « seuls les statuts de la [SAS] fixent les conditions [de direction] ».

4 Fonctionnement

La SAS comporte au minimum deux associés (C. com., art. L. 227-1).

Rapports au sein de la SAS	
Entre associés	**Avec les dirigeants**
Les statuts de SAS ne peuvent pas priver un associé de son droit de participation et de vote dans les assemblées délibératives (*Cass. com., 23 oct. 2007, n° 06-16537*).	Les dirigeants sont désignés dans les statuts ou par un acte ultérieur des associés (C. com., art. L. 227-1), de même que la rémunération et la procédure de révocation.
Exercice des pouvoirs au sein de la SAS	
– Dans la SAS, les associés ne disposent pas de droit d'information spécifique ou permanente : les dispositions relatives à l'information dans les SA sont expressément exclues du régime de la SAS par la loi (C. com., art. L. 227-1). – Ce sont les statuts qui doivent librement définir ces points. – Certaines décisions collectives sont le domaine unique des associés ; il s'agit (C. com., art. L. 227-9) : • de la nomination d'un CAC, • de l'approbation des comptes annuels, • des augmentations, amortissements ou réductions de capital, • des décisions de fusion, scission, dissolution et transformation en une société d'une autre forme.	– La société est dirigée par un président (C. com., art. L. 227-1) personne physique ou personne morale (C. com., art. L. 227-7) ; ce dernier point renforce l'attractivité de la SAS par rapport à la SARL (v. *infra*). – Lorsque le président d'une société par actions simplifiées a été nommé pour une durée déterminée, son mandat ***n'est pas tacitement reconductible***. Ainsi, la survenance du terme sans reconduction exprès induit son passage dans la direction de fait, sans qu'il ne puisse invoquer sa reconduction (*Cass. com., 17-3-2021, n° 19-14525*). – Le président engage la société à titre habituel, pour les besoins de la poursuite de l'objet social (C. com., art. L. 227-6). – La société peut être engagée par le président hors de l'objet social ; toutefois, le tiers qui s'en prévaudra devra rapporter la preuve qu'il n'avait pas connaissance du dépassement (C. com., art. L. 227-6).

Les associés peuvent se voir attribuer le pouvoir d'engager la société. Dans ce cas, la société devra déclarer non seulement les dirigeants, mais également les personnes ayant le pouvoir d'engager la société. Il peut s'agir de ***tiers désignés*** (C. com., art. R. 123-54).

Le Code de commerce prévoit que les règles déterminant la responsabilité des membres du conseil d'administration et du directoire dans les sociétés anonymes sont applicables dans les mêmes conditions aux présidents et dirigeants d'une SAS (C. com., art. L. 227-8).

5 Fiscalité

La SAS est une société de capitaux. Elle est donc en principe imposée de « plein droit » à l'IS (CGI, art. 269). Cependant, comme cela a été évoqué (v. *supra*), les sociétés de capitaux ont depuis 2009 (L. n° 2008-776, art. 30) la possibilité d'***opter***, durant les 5 années qui suivent leur création, pour le régime de l'imposition sur le revenu (CGI, art. 8).

Si elles ont opté pour l'IS dès leur création, elles sont directement opaques. En revanche, si ce n'est pas le cas, elles seront durant 5 années transparentes fiscalement comme les sociétés de personnes.

6 La SASU

S'il est possible, conformément à l'***article L. 227-1 du Code de commerce***, de créer une société par actions simplifiée unipersonnelle *ab initio* (dès le départ), la SASU peut également résulter d'une transformation de SAS classique, dans laquelle toutes les actions se seraient retrouvées dans les mains d'un « associé unique ». L'intégralité des dispositions relatives à la SAS s'applique également à la SASU et l'associé unique exerce les pouvoirs dévolus aux associés (C. com., art. L. 227-1).

Dans les SASU, le rapport de gestion, les comptes annuels et, le cas échéant, les comptes consolidés sont arrêtés par le président (C. com., art. L. 227-9). L'associé unique dispose d'un délai de 6 mois pour approuver les comptes à partir de la clôture de l'exercice.

Lorsque le président est l'associé unique, il doit déposer lui-même, dans les 6 mois, au registre du commerce et des sociétés l'inventaire et les comptes annuels de la société dûment signés. Cela vaut approbation des comptes sans formalité supplémentaire.

Toutefois, lorsque l'associé unique est président, il est ***dispensé*** d'établir un rapport de gestion si la SASU est considérée ***comme une petite entreprise*** au sens de l'***article L. 123-16 du Code de commerce*** (C. com., art. L. 232-1).

Enfin, les ***conséquences*** de la dissolution et de la liquidation d'une personne morale avec un associé unique sont étudiées au chapitre 10 (v. *infra*). Elles sont communes à la SASU et l'EURL.

Chapitre 10

La SA et la SE

*Le Code napoléonien est venu **actualiser** le Code des marchands fait « pour un commerce encore dans l'enfance » (d'après la formule d'E. Vincens). En ce sens, la création de la société anonyme (SA) par ordonnance en 1807 recherchait la capacité d'une structure à **répondre aux évolutions industrielles, à la nécessité de s'associer et au besoin – nouveau – de financement**.*

Toutefois, la structure restait difficilement accessible, rigide et empreinte d'un fort formalisme – ce qui est, dans une certaine mesure, toujours le cas. Ce cadre est attribuable notamment à l'histoire de la SA. Le Code de commerce prévoyait qu'***une autorisation réglementaire préalable*** était nécessaire pour créer la société. Cette obligation d'habilitation a disparu à la suite de la loi du 24 juillet 1867 sur les sociétés commerciales.

En 1966, par la loi n° 66-537 du 24 juillet 1966 sur les sociétés commerciales, le législateur a instauré la SA avec directoire. Aujourd'hui, plusieurs textes, dont notamment l'ordonnance n° 2015-1127 du 10 septembre 2015 portant réduction du nombre minimal d'actionnaires dans les sociétés anonymes non cotées, sont venus directement modifier le régime de la SA.

Malgré une simplification tendant à « ***renforcer l'attractivité*** » des SA, ces dernières restent destinées à réaliser des projets d'***envergure***. Rares sont les petites et moyennes entreprises qui choisissent la SA, sauf quand celle-ci est obligatoire. Ce phénomène est également dû à l'émergence de la SAS, qui est beaucoup plus ***flexible***.

Statistiquement, la chambre du commerce et de l'industrie confirme la décroissance du succès de la SA pour la pratique d'***activités commerciales*** (le recensement ne prenant pas en compte les activités agricoles). Ainsi, en 2013, sur plus de 4,2 millions d'entreprises en France, seulement 50 000 avaient opté pour le statut de SA.

Enfin, avec les sociétés en commandite par actions (SCA ; v. *infra*), la société anonyme ou la société européenne (si elle a été transformée) sont les seules sociétés à pouvoir être cotées en Bourse (***marché financier réglementé où s'échangent uniquement les actions de sociétés***).

Vers un « Droit des sociétés cotées »

La loi *PACTE* avait conféré au Gouvernement le droit de légiférer par voie d'ordonnance sur un certain nombre de dispositions du domaine légal. La période de douze mois initialement prévue (L. n° 2019-486, art. 198) a été prorogée par la loi n° 2020-290 du 23 mars 2020 d'urgence pour faire face à l'épidémie de Covid-19.

Ainsi, l'ordonnance n° 2020-1142 du 16 septembre 2020 portant création, au sein du Code de commerce, d'un chapitre relatif aux sociétés dont les titres sont admis aux négociations sur un marché réglementé ou sur un système multilatéral de négociation, a été adoptée en Conseil des ministres.

Attendue depuis longtemps, l'ordonnance ne consomme pas l'intégralité des pouvoirs conférée par le législateur en ne transférant pas la réglementation des sociétés cotées au Code monétaire et financier (ce qui était prévu par la loi *PACTE*). Ce transfert devait également organiser le démarchage bancaire et financier. Néanmoins, désormais un nouveau titre dans le Code de commerce régit – en reprenant les dispositions antérieures –, le « Droit des sociétés cotées ».

Une codification à droit constant ? Rien n'est moins sûr suite à l'invitation faite au législateur par le Gouvernement. Un précédent existe avec les « entreprises en difficulté ».

1 Généralités

Le droit commun des sociétés est applicable à la SA, à l'exception de la possibilité de réaliser des apports en industrie. Ils sont ***explicitement interdits*** dans les SA par le Code de commerce (C. com., art. L. 225-3).

Les actions de la SA sont ***négociables*** et donc ***librement cessibles***. Ce principe est issu du Code monétaire et financier, qui rappelle que « nul ne peut revendiquer pour quelque cause que ce soit un titre financier dont la propriété a été acquise de bonne foi par le titulaire du compte-titres dans lequel ces titres sont inscrits » (C. mon. fin., art. L. 211-16).

Le Code monétaire et financier ne fait référence qu'aux actions qui auraient été acquises de ***bonne foi***. En effet, il faut être vigilant à ce que les actions n'aient pas été grevées par une ***clause d'inaliénabilité*** (possible sous condition dans les SA) ou par une ***clause d'agrément*** (également conditionnée par la mise en place d'une procédure statutaire).

Les SA ne peuvent plus être à ***capital variable***, c'est-à-dire « susceptible d'augmentation par des versements successifs des associés ou l'admission d'associés nouveaux et de diminution par la reprise totale ou partielle des apports effectués » (C. com., art. L. 231-1).

De plus, le capital prévu par les statuts doit être engagé par les investisseurs. Le Code de commerce prévoit ainsi clairement que le capital de la société « doit être intégralement souscrit » (C. com., art. L. 225-1).

Outre l'interdiction des apports en industrie, la SA connaît des conditions de création spécifiques, avec un nombre d'associés minimum en fonction de son choix d'***offrir ses titres au public***.

Seuils minimums	Sociétés cotées	Sociétés non cotées
Capital social (C. com., art. L. 224-2)	37 000 €	
Nombre d'associés (C. com., art. L. 225-1)	7	2

Il est cependant à noter que les sociétés de rédacteurs de presse peuvent avoir un capital social de 300 € minimum lorsqu'elles sont constituées sous la forme de société anonyme (C. com., art. L. 224-2).

Il n'est pas nécessaire d'être administrateur pour être actionnaire de la SA. Cette possibilité peut en effet être prévue par les statuts de la société (C. com., art. L. 225-25). Pour être actionnaire, aucune capacité particulière n'est requise. Ce n'est toutefois pas le cas des administrateurs, qui ne doivent ainsi pas :

- avoir été frappés par une faillite personnelle (C. com., art. L. 653-2) ;
- avoir atteint la limite d'âge qui serait déterminée par les statuts de la société (C. com., art. L. 225-19) ;
- exercer (cumuler) plus de cinq mandats d'administrateur de SA dont le siège est sur le territoire de la République française (C. com., art. L. 225-21) ;
- exercer une profession incompatible avec la fonction d'administrateur (C. com., art. L. 225-42-1) ;
- avoir été condamnés pénalement pour certaines infractions pénales qui ferment l'accès à cette fonction (c'est le cas du blanchiment, du recel, du faux et de la corruption).

Enfin, une personne morale peut être actionnaire ou administrateur d'une SA (C. com., art. L. 225-20). Une personne morale ayant le statut d'administrateur ne peut avoir un mandat excédant 6 ans (C. com., art. L. 225-18).

2 Direction

En principe, les sociétés anonymes sont administrées par des conseils d'administration composés de 3 membres minimum et 18 maximum (C. com., art. L. 225-17). Toutefois, la loi prévoit que la société puisse être « dirigée par un directoire composé de 5 membres au plus » (C. com., art. L. 225-58).

Direction	
Avec conseil d'administration (C. com., art. L. 225-17 à L. 225-56)	**Avec directoire (C. com., art. L. 225-57 à L. 225-93)**
– Les membres du conseil d'administration sont nommés par l'assemblée générale constitutive et ensuite en AGO (C. com., art. L. 225-18). – Le président est une personne physique. Il a également le statut d'***administrateur.*** Il doit donc ***respecter les conditions légales et éthiques imposées aux administrateurs***. Il est ***nommé par le conseil d'administration*** (C. com., art. L. 225-47). – Le président organise et dirige les travaux du conseil d'administration et en rend compte à l'AG. En outre, il veille au bon fonctionnement des organes de la société et s'assure que les administrateurs sont en mesure de remplir leur mission (C. com., art. L. 225-51). – La SA avec un conseil d'administration doit se doter d'un *DG* : • celui-ci n'est pas nécessairement administrateur, • il est nommé par le ***conseil d'administration*** (C. com., art. L. 225-47), • il est « investi des pouvoirs les plus étendus pour agir en toutes circonstances au nom de la société. Il exerce ces pouvoirs dans la limite de l'objet social et sous réserve de ceux que la loi attribue expressément aux assemblées d'actionnaires et au conseil d'administration » (C. com., art. L. 225-56), • il peut demander au conseil d'administration, selon l'ampleur des missions qui lui sont confiées, de nommer jusqu'à ***5 directeurs généraux***	– Le directoire de la SA exerce ses fonctions sous le ***contrôle d'un conseil de surveillance*** (C. com., art. L. 225-58). – Les membres du conseil de surveillance (CS) sont nommés par l'assemblée générale constitutive et par la suite en AGO (C. com., art. L. 225-75). – Le CS nomme (C. com., art. L. 225-59) : • les membres du directoire, pour une durée statutairement fixée de ***2 ans minimum et 6 ans maximum***. Dans le ***silence des statuts***, la durée du mandat des membres du CS est ***fixée à 4 ans*** (C. com., art. L. 225-62), • le président du CS et le vice-président (C. com., art. L. 225-81), • s'il y a lieu, un président du directoire. – Le CS est formé de 3 membres au minimum et de 18 au maximum (C. com., art. L. 225-69). – Les membres du CS sont ***révocables à tout moment en AGO*** (C. com., art. L. 225-75). – Si le directoire est composé d'***une seule personne***, celle-ci adopte le statut de « ***directeur général*** » (DG) de la société (C. com., art. L. 225-59) ; lorsque le DG ou un membre du directoire atteint une ***limite d'âge*** définie ***statutairement à moins 60 ans, ou lorsqu'il atteint 60 ans***, « il est réputé démissionnaire d'office » (C. com., art. L. 225-60). – Depuis la ***loi n° 2019-744 du 19 juillet 2019***, est également « réputé démissionnaire d'office » le ***DG unique placé en tutelle*** (C. com., art. L. 225-60) ; en

délégués (DGD) (C. com., art. L. 225-53). – Depuis la ***loi PACTE***, lorsque le DG proposera la nomination d'un DGD au conseil d'administration, il devra s'assurer de « la présence d'au moins une personne de chaque sexe parmi les candidats » (C. com., art. L. 225-53) ; ainsi, pour un poste de DGD, au moins 2 candidats, dont 1 homme et 1 femme. – Le conseil d'administration peut choisir que la mission de président et celle de DG soient ***exercées par la même personne***, qui sera alors « ***président-directeur général*** » (PDG) et exercera au sein de la société les deux pouvoirs énoncés (C. com., art. L. 225-55). – Le DG peut être révoqué *ad nutum* (littéralement « par un signe de tête »), c'est-à-dire à tout moment (C. com., art. L. 225-55).	outre, cette loi prévoit que ***les délibérations*** prises par un DG ou auxquelles un membre du directoire irrégulièrement nommé aurait participé ***ne sont plus frappées de nullité***. – La révocation du DG décidée sans juste motif peut donner lieu à ***dommages-intérêts*** (C. com., art. L. 225-61). – Le président et le vice-président du CS sont chargés de « ***convoquer le conseil et d'en diriger les débats*** » (C. com., art. L. 225-81).

SA avec un conseil d'administration

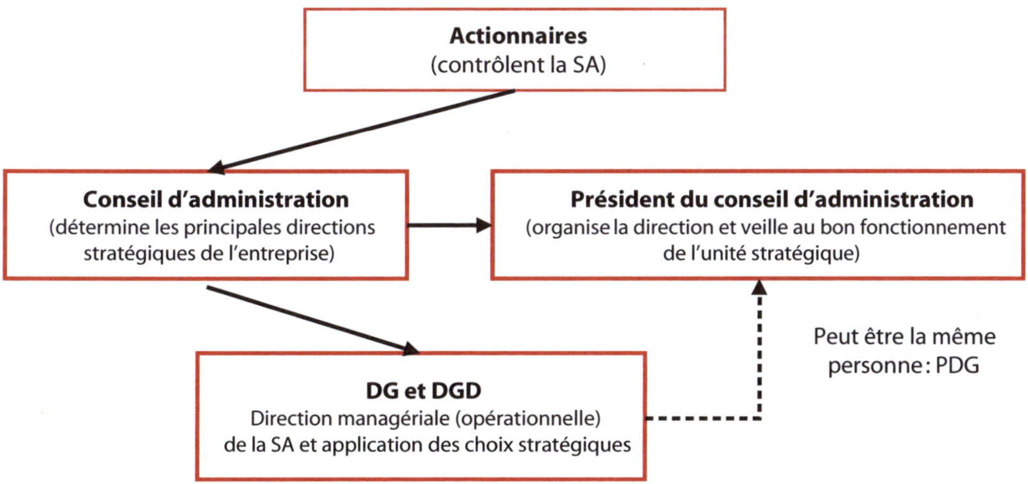

SA avec un directoire

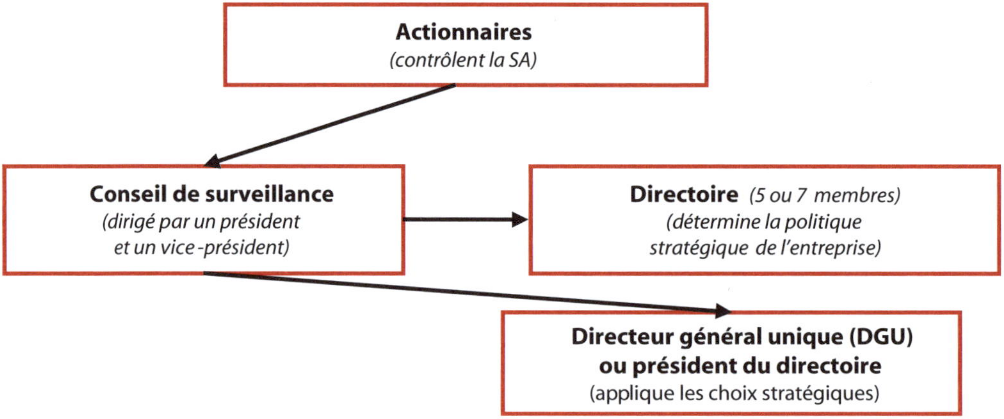

3 Assemblées d'actionnaires

Les actionnaires sont réunis en assemblée générale ordinaire (AGO) ***au moins une fois par an, dans les 6 mois après de la clôture de l'exercice*** (C. com., art. L. 225-100). L'AGO se déroule, sauf clause contraire, au ***siège social de la société*** ou tout autre lieu du ***département*** (C. com., art. L. 225-103). Tous les actionnaires ***peuvent participer à l'Assemblée générale extraordinaire (AGE)*** et toute clause allant dans le sens contraire serait réputée ***non écrite*** (C. com., art. L. 225-113).

Convocation et information :

- dans le mutisme de la loi, les règles de convocation de l'AGO et de l'AGE sont les mêmes ;
- le conseil d'administration ou le directoire convoque l'AGO ; le conseil de surveillance peut également convoquer l'AGO, ainsi que, par défaut (C. com., art. L. 225-103) :
  - les CAC,
  - un mandataire, désigné en justice : en cas d'urgence, à la demande de tout intéressé ou d'un ou plusieurs actionnaires réunissant au moins 5 % du capital social,
  - les liquidateurs,

- les actionnaires majoritaires en capital ou en droits de vote après une OPA, une OPE ou une cession d'un bloc de contrôle ;
- la convocation doit faire l'objet d'une parution dans un JAL et, si la société a ses titres admis sur un marché réglementé, au *BALO* (C. com., art. R. 225-67) ;
- les actionnaires doivent être convoqués :
  - par lettre recommandée avec avis de réception (LRAR) (C. com., art. R. 225-63),
  - également par voie électronique, désormais, si la société a recueilli leur consentement préalable ; les associés ayant choisi la voie électronique peuvent revenir sur leur décision 5 jours avant l'insertion dans un JAL ou au BALO de la convocation à une prochaine AG (C. com., art. R. 225-63) ;
- le délai de convocation précédant l'assemblée est au minimum de 15 jours sur première convocation et de 6 jours sur convocation suivante (C. com., art. R. 225-69) ; lorsque la société est menacée par une OPA, ces délais peuvent être ramenés ***à moins de 6 jours sur première convocation*** et de ***4 jours sur convocation suivante*** ;
- la convocation doit comporter le jour, l'heure et lieu de l'assemblée, ainsi que sa nature (ordinaire, extraordinaire ou spéciale) et son ordre du jour (C. com., art. R. 225-66) ;
- en cas de manquement aux obligations relatives aux convocations et à la publication, le Code de commerce prévoit entre autres, de plein droit, la ***nullité des délibérations de l'AG*** (C. com., art. L. 225-121) ;
- en préparation de l'AGO, le conseil d'administration ou le directoire doit « mettre à la disposition des actionnaires les documents nécessaires pour permettre à ceux-ci de se prononcer en connaissance de cause et de porter un jugement informé sur la gestion et la marche des affaires de la société » (C. com., art. L. 225-108) ; en outre, pendant la période précédant la convocation, les associés ont le droit, selon le type d'assemblée, de ***consulter un certain nombre de documents*** dont les conditions d'examen et la liste sont dressées par le Code de commerce (C. com., art. L. 225-115 à L. 225-118 ; R. 225-81 à R. 225-89) ;
- enfin, pour toutes les AG, les procès-verbaux de tenue d'assemblée doivent être ***complets*** et donner une ***image sincère*** des débats (C. com., art. R. 225-106).

	AGO	AGE
Pouvoirs	L'AGO : – approuve les comptes annuels (C. com., art. L. 225-100), – nomme et remplace les administrateurs (C. com., art. L. 225-18), – fixe la « rémunération » des administrateurs (C. com., art. L. 225-45), – valide les conventions réglementées (C. com., art. L. 225-40), – nomme les CAC (C. com., art. L. 823-1).	L'AGE est la seule assemblée habilitée à : – modifier les statuts dans toutes leurs dispositions (C. com., art. L. 225-96) ; cela inclut les décisions de transformation, – changer la nationalité et transférer le siège social (C. com., art. L. 225-97), – augmenter le capital en émettant de nouvelles actions (C. com., art. L. 225-129), – réduire le capital en rachetant et en annulant des actions (C. com., art. L. 225-207).
Délibération	*Quorum* (seuil de participation minimum qui doit être réuni pour qu'une délibération puisse être soumise au vote des associés)	
	– Sur ***première convocation***, une AGO délibère valablement si (C. com., art. L. 225-98) les actionnaires présents ou représentés possèdent au moins ***1/5 des actions ayant le droit de vote*** (les statuts des sociétés dont les actions ne sont pas admises aux négociations sur un marché réglementé peuvent prévoir un quorum plus élevé). – Sur ***deuxième convocation*** (si l'AG n'a pas pu se tenir faute de participation), ***aucun quorum n'est requis***.	Une AGE ne délibère valablement que si (C. com., art. L. 225-96) : – sur ***première convocation***, ***1/4*** des actionnaires présents ou représentés possèdent le droit de vote, – sur ***deuxième convocation***, ***1/5*** des actionnaires présents ou représentés possèdent le droit de vote.
	Majorité	
	L'assemblée statue à la majorité simple (la moitié, 50 %) des voix exprimées par les actionnaires présents ou représentés.	L'assemblée statue à la majorité des ***2/3*** des voix exprimées par les actionnaires présents ou représentés (C. com., art. L. 225-96).
	La ***loi de simplification, de clarification et d'actualisation du droit des sociétés*** a modifié le troisième alinéa des deux articles relatifs aux AG (ordinaire et extraordinaire) en ajoutant que désormais, « les voix exprimées ne comprennent pas celles attachées aux actions pour lesquelles l'actionnaire n'a pas pris part au vote, s'est abstenu ou a voté blanc ou nul » (C. com., art. L. 225-96 et L. 225-98).	

La SA peut également réunir des ***assemblées spéciales*** dans des conditions similaires aux autres assemblées. Elles sont composées des ***titulaires de catégorie d'actions déterminées qui délibèrent sur une décision d'assemblée générale ayant modifié les droits relatifs à leur catégorie d'actions*** (C. com., art. L. 225-99).

Enfin, l'ordonnance n° 2017-747 du 4 mai 2017 permet d'intégrer dans les statuts le dispositif prévu par la loi n° 2016-1691 du 9 décembre 2016 concernant la possibilité pour les actionnaires de se réunir par ***vidéoconférence***. La convocation physique reste le principe, puisqu'un associé disposant de plus de 5 % du capital social (représentant ou non 5 % du droit de vote) peut s'opposer à la tenue d'une assemblée générale ordinaire ou extraordinaire par vidéoconférence (C. com., art. L. 225-103-1).

Du jeton de présence à la « rémunération »

Il ressort des débats à l'Assemblée nationale que la notion de jetons de présence avait pour effet de faire penser que le rôle de certains administrateurs n'était « que » de siéger en conseil et de percevoir une rémunération importante pour cela (*AN, 21 sept. 2018, amendement n° 1731*). Pour supprimer cette image, l'article 185 de la loi a supprimé le terme de « jetons de présence » et l'a remplacé par celui de « ***rémunération*** ». Se sont à ce titre retrouvés modifiés :

– les articles L. 225-45 et L. 225-83 du Code de commerce ;

– les articles 117 *bis*, 120, 210 et 223 B du Code général des impôts ;

– les articles L. 214-17-1 et L. 214-24-50 du Code monétaire et financier.

4 Contrôle

La doctrine a depuis longtemps établi que les AG sont souveraines et peuvent contrôler la totalité des décisions prises par les dirigeants. Tout d'abord, les actionnaires détiennent un droit d'information ***permanent*** qui peut s'exercer « à toute époque de l'année » (C. com., art. L. 225-117). Les actionnaires peuvent demander tous les documents énoncés par l'***article L. 225-15 du Code de commerce*** concernant les 3 derniers exercices. Si ces documents ne lui sont pas transmis, l'actionnaire à la possibilité (C. com., art. L. 238-1) de demander au président du tribunal statuant en référé :

– d'enjoindre sous astreinte aux administrateurs et dirigeants de les communiquer ;

– de désigner également un mandataire chargé de procéder à cette communication.

La loi sous-entend également qu'il pèse sur le dirigeant une obligation de ***diligence*** et de ***loyauté***. En effet, le président ou le DG sont tenus « de communiquer à chaque administrateur tous les documents et informations nécessaires à l'accomplissement de sa mission » (C. com., art. L. 225-35). La jurisprudence a, par plusieurs arrêts, retenu que les dirigeants de SA devaient ***placer l'intérêt de la société et des actionnaires avant leurs propres intérêts***.

En outre, il est formellement ***interdit***, à peine de nullité « aux administrateurs autres que les personnes morales de contracter, sous quelque forme que ce soit, des emprunts auprès de la société, de se faire consentir par elle un découvert en compte-courant ou autrement, ainsi que de se faire cautionner ou avaliser par elle leurs engagements envers les tiers [...]. La même interdiction s'applique au directeur général, aux directeurs généraux délégués et aux représentants permanents des personnes morales administrateurs. Elle s'applique également aux conjoints, ascendants et descendants des personnes visées au présent article ainsi qu'à toute personne interposée » (C. com., art. L. 225-43).

Toutefois, certaines conventions dites « ***réglementées*** » (qui ne suivent pas les modalités de conclusion habituelles) sont autorisées entre la SA et ses dirigeants (administrateurs, PCA, DG, DGU ou PDG). Le Code de commerce les soumet à une procédure précise *via* laquelle les actionnaires ont en, dernier ressort, l'***opportunité de se prononcer*** (C. com., art. L. 225-40 et L. 225-88). Tous les accords, oraux ou écrits, sont visés par la loi (*Cass. com., 27 févr. 2001, n° 98-14206*). En revanche, la loi n'a pas lieu de s'appliquer aux conventions réglementées conclues ***avant la désignation du dirigeant par le conseil d'administration ou le directoire*** (*Cass. com., 16 mai 2018, n° 16-13207*).

La rémunération des dirigeants – *lato sensu* (au sens large) – de la SA est également décidée et contrôlée par les actionnaires.

Enfin, depuis la loi *PACTE*, s'il n'a ***pas été désigné de commissaire aux comptes***, dont les seuils sont les mêmes pour toutes les formes de société (v. *supra* ; L. n° 2019-486, art. 20) le rapport de gestion présenté en AGO est établi par le président du conseil (C. com., art. L. 225-40).

5 Principes relatifs aux sociétés cotées

Le conseil d'administration d'une société cotée doit installer au sein de l'entité un comité d'audit spécialisé « agissant sous la responsabilité, selon le cas, de l'organe chargé de l'administration ou de l'organe de surveillance [qui] assure le suivi des questions relatives à l'élaboration et au contrôle des informations comptables et financières » (C. com., art. L. 823-19).

De leur côté, les administrateurs de sociétés cotées ont l'obligation de faire connaître à l'Autorité des marchés financiers (AMF) l'usage qu'ils font de leurs actions. Il s'agit plus particulièrement des « acquisitions, cessions, souscriptions ou échanges d'actions [...] ainsi que [des] transactions opérées sur des instruments financiers qui leur sont liés » (C. mon. fin., art. L. 621-18-2). Les administrateurs ont également l'obligation de « faire mettre sous la forme nominative » ou de déposer ces actions entre les mains d'un prestataire habilité lorsqu'elles « appartiennent à eux-mêmes ou à leurs enfants mineurs non émancipés [...] » (C. com., art. L. 225-102).

Il est également prévu dans les sociétés cotées que lorsque les salariés représentent 3 % de l'actionnariat, collectivement, suite à l'attribution d'actions nominatives, ou avec l'aide d'anciens salariés (C. com., art. L. 225-102), un ou plusieurs administrateurs doivent être élus par l'AG sur proposition des ***actionnaires salariés***. Le nombre d'administrateurs désignés sur proposition des salariés doit être prévu dans les statuts (C. com., art. L. 225-23).

Administrateurs choisis par les salariés

Lorsque la SA a employé à la clôture de deux exercices consécutifs :

– soit 1 000 salariés permanents au moins dans la société et ses filiales, directes ou indirectes, dont le siège social est fixé sur le territoire français ;

– soit 5 000 salariés au moins dans la société et ses filiales, directes ou indirectes, dont le siège social est fixé sur le territoire français et ***à l'étranger*** (C. com., art. L. 225-23).

Dans les sociétés cotées, ***le directoire peut être composé de 7 membres*** (C. com., art. L. 225-58).

La rémunération des dirigeants de sociétés cotées doit être ***publiée*** et elle peut être ***contrôlée*** par les ***actionnaires*** *via* une procédure spéciale (C. com., art. L. 225-42-1).

Les SA avec un conseil d'administration (C. com., art. L. 225-37) ou un directoire (C. com., art. L. 225-68), si elles sont cotées, peuvent se soumettre, en plus des règles énoncées précédemment par le Code de commerce, à un code de gouvernement d'entreprise. En France, les SA ont le choix entre deux codes principaux :

– l'***AFEP-MEDEF***, corédigé par le MEDEF et l'Association française des entreprises privées (AFEP) ; c'est le Code de référence des entreprises cotées au CAC 40 ;

– le ***Middlenext***, du nom de l'association professionnelle qui représente et défend les intérêts des moyennes entreprises cotées.

Lorsque les entreprises ont décidé « volontairement » de se soumettre à l'un de ces codes, ou qu'elle en écarte tout ou partie, elles doivent exposer les raisons de ce choix dans le rapport de gestion présenté à l'AG.

Le code AFEP-MEDEF est venu combler un silence légal concernant le cumul des statuts de « dirigeant » (au sens large) et de salarié. Si la loi et la jurisprudence ne l'interdisent pas, les principes de gouvernance d'entreprises suggèrent l'abandon de l'une des fonctions (C. AFEP-MEDEF, art. 21).

Enfin, la SA cotée doit publier une notice d'information publique au BALO. Elle doit aussi remettre à l'AMF, lors de l'émission de chaque nouveau titre, un document (prospectus) d'information financière établissant entre autres la stabilité financière et les risques auxquels s'expose la société dans son activité.

6 La transformation en SE

La société européenne (SE) – nommée *societas europæa* dans les textes européens – est le fruit de la volonté des institutions européennes de créer une forme sociale unique au sein de l'Union européenne pour permettre l'exploitation d'une activité commerciale dans tout le marché intérieur. C'est dans cette optique que le Conseil de l'UE a adopté le règlement (CE) n° 2157/2001. Ce texte, créant la SE, a été transposé en droit français par la ***loi n° 2005-842 du 26 juillet 2005*** relative à la confiance et à la modernisation de l'économie.

Néanmoins, la SE ne peut être créée que dans des conditions très spécifiques. Elle s'adresse donc à un public très particulier – ce qui explique son nombre réduit. D'après la base de données de l'ETUI (*European Trade Union Institute*), au 12 mars 2018, ***2 943 SE étaient enregistrées*** dans l'intégralité des pays de l'UE, dont 38 en France – parmi lesquelles figurent LVMH et Dassault Systèmes (*Réseau de Recherche sur les SE, ETUI, DB, 12 mars 2018, n° 13*).

■ *Création*

Le règlement européen ayant institué la SE ne permet pas de créer une SE *ex nihilo* (règl. [CE] n° 2157/2001, art. 2). La SE ne peut être créée que :

– par ***voie de fusion de SA de plusieurs pays européens, si deux d'entre elles au moins relèvent du droit d'États membres différents*** ;

– par la ***constitution d'une holding*** par des SARL ou des SA déjà existantes ;

– lorsqu'une SA est constituée selon le droit d'un État membre ou a son siège statutaire et son administration centrale dans un pays membre de l'Union européenne ;
– par voie de ***transformation***, enfin, ***si une SA a depuis au moins 2 ans une filiale qui relève du droit d'un autre État membre***.

Les SE doivent être immatriculées au registre du commerce et des sociétés. C'est à partir de ce moment qu'elles ont « la personnalité juridique » (C. com., art. L. 229-1).

Le règlement européen prévoit que le capital social de la SE est « exprimé en euros » à hauteur ***de 120 000 € minimum*** (Cons. UE, règl. [CE] n° 2157/2001, art. 2).

Le régime de la SE est donc mixte : il applique en effet le droit européen, certaines dispositions relatives à la SA et possède son ***chapitre*** propre dans le Code de commerce.

■ *Fonctionnement*

Les statuts de la SE peuvent prévoir librement son mode de direction (C. com., art. L. 229-7). La SE peut se doter d'un conseil d'administration ou d'un directoire avec un conseil de surveillance.

En outre, les SE non cotées peuvent prévoir des clauses d'agrément et d'inaliénabilité n'excédant pas 10 ans (C. com., art. L. 229-11).

La création d'une SE oblige l'***implication des salariés*** (Cons. UE, règl. [CE] n° 2157/2001, art. 8). Cette dernière se traduit par :
– une ***information*** des salariés portant sur les questions et décisions qui affectent la vie de la SE (Cons. UE, règl. [CE] n° 2157/2001, 21°) ;
– une ***consultation*** permettant un dialogue avec ces derniers ;
– une ***participation*** à la vie de la société.

Les modalités de l'implication sont « arrêtées par accord conclu entre les dirigeants des sociétés participantes et les représentants des salariés » (C. trav., art. L. 2351-1). Ces modalités sont contrôlées par le notaire ou le greffier lors de la création de la société ou lors d'une fusion (C. com., art. L. 229-3).

« *Legal Management* »

Les points retenus par le Conseil de l'Union européenne se rapprochent de la théorisation managériale de ***Rensis Likert***. Dans son « *continuum* », le psychologue avait classifié quatre types de management d'une société (dont un mode « consultatif » et un mode « participatif »), qui dépendent :

- du bien-être des salariés ;
- du degré d'information des subordonnés ;
- de leur intéressement au résultat ;
- de leur motivation ;
- de leur poids dans la prise de décision de l'entreprise.

Enfin, outre les dispositions prévues par le règlement européen et lorsque les statuts sont silencieux sur les règles de fonctionnement de la société, les dispositions relatives aux sociétés anonymes s'appliquent.

Chapitre 11

La SCA

La société en commandite par actions (SCA) était également présente dans le Code de commerce originel avec la SA et la SNC. Elle est connue comme étant la société « de famille » pouvant être **cotée** *en Bourse. Pourtant, seulement deux SCA (Hermès Paris et Michelin) sont cotées à l'indice CAC 40 (cotation assistée en continu ou « Premier marché », qui regroupe les 40 sociétés les plus importantes). Cette situation est due au fait pour les enseignes d'avoir choisi la SA (ou SE) ou d'avoir transformé leur SCA (v. infra).*

La SCA n'est pas traitée avec la SCS car ce n'est pas une société de personnes, mais bien une ***société de capitaux.*** Le nombre de SCA en France est ***très faible***, et les études menées par l'INSEE révèlent que très peu d'unités sont créées chaque année. À ce titre, la loi n° 66-537 du 24 juillet 1966 sur les sociétés commerciales était toute proche de faire disparaître les SCA (*JO, Débats parlementaires, CR 1er juin 1965*).

L'étude de la SCA est de manière générale très rapide, puisque certaines règles encadrant le régime de cette structure sont communes aux SCS et aux SA (C. com., art. R. 226-1). Le titre traitant spécialement de la SCA dans le Code de commerce ne compte que 18 articles.

La SCA est, comme la SCS, constituée de deux types d'associés : des « commandités, qui ont la qualité de commerçant et répondent indéfiniment et solidairement des dettes sociales, et des commanditaires, qui ont la qualité d'actionnaires et ne supportent les pertes qu'à concurrence de leurs apports » (C. com., art. L. 226-1).

L'article L. 226-1 du Code de commerce déclare que « le nombre des associés commanditaires ne peut être inférieur à trois ».

Enfin, l'article L. 226-1 du Code de commerce écarte l'application des dispositions des ***articles L. 225-17 à L. 225-93 du Code de commerce*** régissant les SA.

1 Constitution

Les spécificités de constitution d'une SCA méritent d'être étudiées car malgré l'aspect financier fortement marqué de la structure, des principes relatifs aux sociétés de personnes en font une structure particulière.

Tout d'abord, la spécificité de la SCA est qu'elle peut générer deux types de titres : des parts sociales et des actions. Cela a pour conséquence d'***autoriser la réalisation d'apports en industrie dans les SCA***. Ils sont en pratique réalisés par les commandités et n'entrent pas dans la composition du capital social. À l'instar de la SCS, la loi n'interdit pas aux commanditaires de réaliser des apports en industrie. Toutefois, cela va à l'encontre de l'idée essentielle des sociétés en commandite et du principe de non-immixtion.

Le capital social doit en revanche, comme dans une SA, être de 37 000 € au moins (C. com., art. L. 224-2). Le capital social ***ne peut pas être inférieur***, que la société ait ou non la volonté de faire admettre ses titres sur un marché réglementé.

Les statuts d'un SCA doivent obligatoirement mentionner :

- l'identité de chaque associé ainsi que leur ***catégorie d'actions*** (commandité ou commanditaire) ;
- le fonctionnement et les pouvoirs des organes de la société (C. com., art. R. 224-2) ;
- les conditions de révocation des gérants (C. com., art. L. 226-2) ;
- le ou les premiers gérants, qui accomplissent les formalités de constitution (C. com., art. L. 226-2).

Il est nécessaire de noter également que les SCA ***doivent mentionner*** leur forme après leur dénomination sociale, sur tous les supports de communication (C. com., art. L. 224-1).

Enfin, les sociétés d'expertise-comptable et les cabinets d'avocats, par désaffectation légale, ne peuvent exercer sous la forme de SCA (Ord. n° 45-2138, 19 sept. 1945, art. 7).

2 Fonctionnement

Depuis la loi *PACTE*, ***comme dans les SA, les CAC ne sont plus obligatoires***, les seuils ayant été uniformisés (v. *supra*). Concernant la direction de la société, elle est opérée par des gérants et un conseil de surveillance dont les membres sont nommés par les associés.

Direction

	Gérants	Conseil de surveillance
Désignation et statut	– Les statuts doivent prévoir pour l'exercice des ***fonctions de gérant*** une ***limite d'âge*** ; à défaut de stipulation expresse, la limite légale est à 65 ans ; les nominations intervenues en violation sont nulles (C. com., art. L. 226-3) – Ils sont nommés dans des conditions similaires aux gérants d'une SCS (v. *supra*) ; il peut donc s'agir de tiers (gérants non commandités) ou d'associés commandités ; la seule différence avec la SCS réside dans le fait que ***les gérants sont toujours statutaires*** (C. com., art. L. 226-2) – Les gérants ont le statut de mandataire, ils peuvent donc exercer leur mission à titre gratuit ou être rémunérés (C. civ., art. 1992) ; la rémunération, le cas échéant, doit être prévue par les statuts (C. com., art. L. 226-2)	– Le conseil de surveillance (CS) est composé d'au moins 3 ***actionnaires*** et ses membres sont désignés par l'AGO (C. com., art. L. 226-4) – Toutefois, ***à peine de nullité***, les associés commandités ne peuvent être membres du conseil de surveillance et ne peuvent « participer à la désignation des membres de ce conseil » (C. com., art. L. 226-4) – Le CS doit être composé en recherchant une « représentation équilibrée des femmes et des hommes » (C. com., art. L. 226-4) – Pour être éligibles au CS, les membres doivent remplir des conditions similaires à ceux des administrateurs de SA (C. com., art. L. 226-12) – Pour le reste, les statuts déterminent les conditions de nomination des membres du CS ; ***si les statuts sont silencieux, les règles relatives à la nomination et à la durée du mandat des administrateurs de SA sont applicables*** (C. com., art. L. 226-4) ; ainsi, un président du CS peut être ***désigné*** (bien que la loi ne l'oblige pas)
Pouvoirs	– Les gérants ont les « pouvoirs les plus étendus pour agir en toutes circonstances au nom de la société » (C. com., art. L. 226-7) ; ils peuvent engager la société au-delà de son objet social (sauf si les tiers ne pouvaient ignorer le dépassement) – En revanche, les « clauses statutaires limitant les pouvoirs du gérant qui résultent du présent article sont inopposables aux tiers » (C. com., art. L. 226-7) – Les augmentations de capital sont constatées par les gérants (C. com., art. L. 226-11)	– Le CS « assume le contrôle permanent de la gestion de la société ; il dispose, à cet effet, des mêmes pouvoirs que les commissaires aux comptes » (C. com., art. L. 226-9) – En outre, le CS : • fait à l'AGO annuelle un rapport signalant les irrégularités comptables (C. com., art. L. 226-9) • délibère annuellement sur la politique de la société en matière d'égalité professionnelle et salariale (C. com., art. L. 226-10) • établit la politique de gouvernance de l'entreprise (C. com., art. L. 226-10-1) – Les membres du CS n'encourent aucune responsabilité en raison des actes de la gestion et de leur résultat ; ils peuvent toutefois être

	– Enfin, les gérants ont les mêmes obligations que le conseil d'administration d'une société anonyme (C. com., art. L. 226-7) ; ils sont soumis au même régime de responsabilité (C. com., art. L. 226-12)	déclarés civilement responsables des délits commis par les gérants, s'ils en ont eu connaissance et ne les ont pas révélés à l'assemblée générale ; enfin, ils sont responsables des fautes personnelles commises dans l'exécution de leur mandat (C. com., art. L. 226-13)
Révocation	– Les membres du conseil de surveillance sont révocables *ad nutum* et peuvent démissionner librement – La procédure de révocation du gérant doit être prévue par les statuts (C. com., art. L. 224-2) – Le gérant non associé peut être révoqué *ad nutum* (*Cass. civ., 25 nov. 1872 : DP 1875, 1, p. 479*) – Comme dans une SA, le gérant dépassant l'âge limite fixé par les statuts ou, à défaut, par la loi est ***automatiquement révoqué*** – Les associés (commandités ou commanditaires) peuvent demander la révocation judiciaire d'un gérant pour cause légitime ; une stipulation contraire est réputée non écrite (C. com., art. L. 226-2)	

■ *Associés*

	Commandités	Commanditaires
Statut	Ils ont la qualité de commerçant (C. com., art. L. 226-1)	Ils n'ont pas la qualité de commerçant mais seulement celle d'actionnaire (C. com., art. L. 226-1)
Droits	– Ils disposent d'un droit de veto concernant toute modification des statuts (C. com., art. L. 226-11) – Ils donnent leur accord à l'unanimité sur la désignation du gérant au cours de la vie de la société, sauf clause contraire (C. com., art. L. 226-2)	Ils n'ont pas le droit de s'immiscer dans la gestion de la société (par renvoi à C. com., art. L. 222-6)
	Droits exercés communément	
	– Nommer un CAC (C. com., art. L. 226-6) – Approuver les comptes sociaux (C. com., art. L. 226-9) – Déterminer le montant qui sera versé en dividendes aux associés (C. com., art. L. 222-4) – Fixer, à l'unanimité, les avantages autres que leur rémunération, reçus par les dirigeants de la société (C. com., art. L. 226-8)	
Obligations	Les associés commandités sont indéfiniment et solidairement tenus au ***passif*** de la société	Les commanditaires ne supportent les ***pertes*** qu'à concurrence de leurs apports (C. com., art. L. 226-1)
Cessions des titres	– Les titres détenus par les commandités sont des ***parts sociales*** – Celles-ci nécessitent le consentement à l'unanimité des associés pour être cédées (C. com., art. L. 222-8)	– Les titres détenus par les commanditaires sont des ***actions*** – Celles-ci sont librement cessibles sous réserve d'une clause d'agrément ; une cession en violation de la clause d'agrément est nulle (C. com., art. L. 228-23)

3 La défense anti-OPA

La présence sur un marché financier et l'appel public à l'épargne permettent aux sociétés de prendre une nouvelle dimension et d'accroître de manière exponentielle leur capacité financière. Néanmoins, une fois introduite, les sociétés ne contrôlent plus leur sort.

Cela permet à d'autres entreprises, et notamment aux concurrents, de pouvoir supprimer leur opposant en les achetant. Ce mécanisme s'effectue par des offres publiques d'achat (ou d'acquisition), qui peuvent être amicales (elles sont voulues) ou hostiles (agressives), ce qui est le plus souvent le cas.

Afin de se prémunir des offres hostiles (inattendues et non-sollicitées), les entreprises cherchent des solutions stratégiques, comme nouer des ***alliances*** ou ***pratiquer des activités réglementées*** qui les protègent.

Parmi ces défenses, il en existe une juridique : l'exercice du pouvoir politique dans la société. Le principe de non-immixtion dans la gestion des commanditaires dans les SCA fait que même s'ils détiennent la majorité du capital, leur pouvoir de vote est restreint.

Ainsi, le « *raider* » (la personne qui va chercher à acquérir la société via une offre publique de titres) sera neutralisé car il n'aura pas le pouvoir de décision escompté au sein de la structure nouvellement acquise.

En d'autres termes, les associés commandités gardent le contrôle des droits politiques tout en ouvrant la porte à une augmentation de nouveaux titres par une émission (sur un marché réglementé ou non). Ils « s'offrent » ainsi une distinction entre les droits pécuniaires (économiques) et les droits décisionnels.

4 Transformation

La transformation de la SCA en SA ou en SARL est décidée par l'***assemblée générale extraordinaire*** des actionnaires, ***avec l'accord unanime de la majorité des associés commandités*** (C. com., art. L. 226-14).

PARTIE 5

Le statut hybride de la SARL

La société à responsabilité limitée (SARL) mérite d'être traitée indépendamment des autres formes sociales, tant elle a été utilisée par les entrepreneurs. En 2013, près de 86 % des sociétés créées étaient ainsi des SARL. Aujourd'hui, avec l'émergence de la SAS contemporaine et de la « micro-entreprise », le choix de la SARL a grandement chuté. Toutefois, le choix de cette forme sociale représente toujours **plus de la moitié** *des sociétés créées en France.*

La SARL est née d'un constat simple. Lors de l'élaboration de la loi, le Sénat estimait en effet que les « commerçants et industriels » avaient peu de choix :

– s'ils avaient l'intention de « ne pas engager la totalité de leurs ressources dans une exploitation », ils devaient « constituer une société anonyme et se conformer » à des règles strictes et coûteuses ;

– à défaut, ils se retrouvaient « contraints d'adopter la forme plus souple de la société en nom collectif ou en commandite simple, mais alors ils courai[en]t le risque que constitue pour les membres de cette société la responsabilité illimitée et solidaire des associés en nom » (Doc. Sénat, 1924, Rapp. Chapsal, n° 712).

Ainsi, en 1925, inspirée de la « SARL » allemande – la Gesellschaft mit beschränkter Haftung (GmbH) –, qui fut exportée en droit français suite à l'annexion de l'Alsace-Lorraine, la France créa la SARL. Celle-ci existe dans une forme à peu près similaire dans presque tous les pays du monde. En Europe, on trouve ainsi la società a responsabilità limitata (S.r.l.) en Italie ou la limited liability company (LLC) en Grande-Bretagne.

La société à responsabilité limitée est l'équivalent français de la LLC aux États-Unis. La comparaison est justifiée par les raisons qui poussent à la création d'une SARL et par le succès rencontré par les deux formes.

La LLC est apparue en 1977 lorsque le Wyoming (l'un des 49 états de common law, la Louisiane étant une exception appliquant le droit romano-germanique) a adopté le Wyoming Limited Liability Company Act (la loi sur les SARL). Dans le Delaware (où, à la suite d'un dumping fiscal et social, la majeure partie de sociétés américaines sont enregistrées), près de deux tiers des sociétés créées sont des LLC. L'objectif de la création d'une telle structure est double, puisque la SARL permet en effet :

– d'éviter **la double taxe** *de l'IS et de l'IR ;*

– de rester malgré tout une ***société flexible, pouvant être créée facilement, transmissible et « semblable » à une société par actions*** *en conservant un* ***fort intuitu personæ****.*

Le régime de la SARL est prévu par les articles L. 223-1 et suivants du Code de commerce. La SARL a connu de nombreuses modifications légales, la dernière en date étant la loi du 19 juillet 2019. L'aspect fondamental de la SARL peut être lu dans la dernière version, en vigueur depuis janvier 2009, de l'article L. 223-1 du Code de commerce, selon lequel la SARL est « instituée par une ou plusieurs personnes **qui ne supportent les pertes qu'à concurrence de leurs apports** *» (C. com., art. L. 223-1).*
Ainsi, deux formes sociales protectrices sont envisageables : une forme pluripersonnelle (chapitre 12) et une forme unipersonnelle (chapitre 13).

Chapitre 12

La forme pluripersonnelle de la SARL

La SARL, sous sa forme pluripersonnelle, est la seule société commerciale à connaître un nombre minimum d'associés (2 associés), mais également un nombre ***maximum (100 associés)*** *(C. com., art. L. 223-3). Cette disposition vient renforcer l'intuitu personæ dans les SARL. En outre, le capital de la société demeure composé de* ***parts sociales*** *(C. com., art. L. 223-2).*

Il convient de noter que la SARL peut être formée sans capital social minimum (C. com., art. L. 223-2) et que les apports en industrie sont autorisés (C. com., art. L. 223-7).

1 Gérance

Le Code de commerce ***exclut*** la gérance de la SARL par une ***personne morale*** (C. com., art. L. 223-18). Le gérant est nommé par les associés, qui ont la possibilité d'opter pour une cogérance de la société (C. com., art. L. 223-18).

Le gérant de la SARL peut être un associé ou un ***tiers*** au contrat de société (C. com., art. L. 223-18). Lorsque l'associé majoritaire est gérant, il ne peut pas cumuler son mandat avec un contrat de travail, qui aurait pour nature la caractérisation d'un lien de subordination (*Cass. soc., 31 mars 1982, n° 81-40448*). En revanche, cela est possible pour un gérant minoritaire et même égalitaire (*Cass. soc., 19 oct. 1978, n° 77-13338*), à condition qu'il existe un réel lien de subordination – c'est notamment le cas lorsque la société est codirigée.

Le gérant de la SARL est un mandataire (C. com., art. L. 223-22). Il n'a ainsi pas le statut de commerçant. Il est également « protégé » de l'ouverture d'une procédure collective personnelle à son encontre (C. com., art. L. 631-2), la Cour de cassation n'ayant pas reconnu qu'il exerce une activité « indépendante » (*Cass. com., 15 nov. 2016, n° 14-29043*).

Le gérant extérieur aux statuts est reconduit par l'AGO (C. com., art. L. 223-18) et révoqué par une décision des associés qui représente plus de la moitié des parts sociales (C. com., art. L. 223-29). La rémunération des gérants est ***fixée par les statuts*** (*Cass. com., 15 mars 2017, n° 14-17873*).

Une personne physique ne peut pas gérer une SARL lorsqu'elle a été condamnée à une peine d'interdiction « de diriger, d'administrer, de gérer ou de contrôler à un titre quelconque, directement ou indirectement, pour son propre compte ou pour le compte d'autrui, une entreprise commerciale ou industrielle ou une société commerciale » (C. pén., art. 131-6).

La loi est silencieuse sur la question du cumul de mandats ; une personne peut ainsi théoriquement exercer conjointement plusieurs mandats de gérant de SARL. La loi est également muette concernant l'âge du gérant ; la règle est que tant qu'il est capable civilement (v. *supra*), il peut occuper la fonction de mandataire social de la SARL.

Les conditions permettant la gérance de la SARL paraissent très larges. Pourtant, certaines incompatibilités viennent barrer le droit à une personne physique de gérer une SARL.

Par exemple, ne peuvent pas être gérants d'une SARL :

- un fonctionnaire (L. n° 83-634, 13 juill. 1983, art. 25) ;
- un avocat (D. n° 91-1197, 27 nov. 1991, art. 111) ;
- un huissier (L. n° 90-1258, 31 déc. 1990, art. 12).

En revanche, peuvent l'être :

- un notaire (L. n° 90-1258, 31 déc. 1990, art. 12) ;
- et un expert-comptable (ord. n° 45-2138, 19 sept. 1945, art. 22).

Enfin, le gérant de la SARL « ***est investi des pouvoirs les plus étendus*** pour agir en toutes circonstances au nom de la société » (C. com., art. L. 223-18). Ces pouvoirs sont limités :

- aux pouvoirs réservés par la loi aux associés ;
- et, librement, aux stipulations prévues par les statuts, bien que cela soit inopposable aux tiers (C. com., art. L. 223-18).

Le gérant doit convoquer l'assemblée générale ordinaire (C. com., art. L. 223-26). Il a la capacité d'engager la société pour les actes qui « ne relèvent pas de l'objet social, à moins qu'elle ne prouve que le tiers savait que l'acte dépassait cet objet ou qu'il ne pouvait l'ignorer compte tenu des circonstances » (C. com., art. L. 223-18).

2 Contrôle

Le principal contrôle exercé dans une SARL est celui des associés. En effet, ces derniers jouissent d'un ***droit d'information permanent*** (C. com., art. R. 223-14).

Ils ont également la possibilité, lorsqu'ils représentent au moins 1/10e du capital social (collectivement ou individuellement) de demander en justice « la désignation d'un ou plusieurs experts chargés de présenter un rapport sur une ou plusieurs opérations de gestion » (C. com., art. L. 223-37). Les conventions conclues par le gérant sont soumises à l'approbation préalable de l'assemblée des associés (C. com., art. L. 223-19).

Les associés ont également pouvoir pour :

- approuver les comptes annuels (C. com., art. L. 223-26) ;
- valider le rapport de gestion (C. com., art. L. 223-26) ;
- autoriser un versement de dividendes (C. com., art. L. 232-12) ;
- nommer le ou les commissaires aux comptes (C. com., art. L. 223-35) ;
- émettre des obligations (C. com., art. R. 223-9).

Certaines décisions réservées aux associés peuvent être prises par consultations écrites (C. com., art. L. 223-27). Les décisions prises en assemblées ou lors des consultations écrites sont adoptées par un ou plusieurs associés ***représentant plus de la moitié des parts sociales*** (C. com., art. L. 223-29). La cession des titres de la société (les parts sociales) est également décidée à la majorité (C. com., art. L. 223-14).

L'unanimité est toutefois requise :

- pour la décision de changer la nationalité de la société (C. com., art. L. 223-30) ;
- pour déroger à une clause statutaire (*Cass. com., 12 mai 2015, n° 14-13744*).

Dans les entreprises qui comptent plus de 11 salariés et au plus tard le 1er janvier 2020, les salariés sont représentés par un ***comité social et économique*** (CSE) (Ord. n° 2017-1386, 22 sept. 2017). Ce dernier est « habilité » à demander une expertise de gestion (C. com., art. L. 223-37). Il est également habilité à exercer les « droits d'alerte en situation de danger grave et imminent » pesant sur la société (C. trav., art. L. 2312-60).

L'article 11 de la loi n° 2019-744 a modifié l'***article L. 223-27 du Code de commerce*** donnant un pouvoir spécial au ***CAC***. L'alinéa 7 de cet article prévoit désormais que lorsqu'un CAC a été nommé, « si, pour quelque cause que ce soit, la société se trouve ***dépourvue de gérant ou si le gérant unique est placé en tutelle***, le commissaire aux comptes ou tout associé convoque l'assemblée des associés à seule fin de procéder, le cas échéant, à la révocation du gérant unique et, dans tous les cas, à la désignation d'un ou de plusieurs gérants ».

Enfin, il convient de noter que les gérants sont responsables, individuellement ou solidairement, envers la société ou envers les tiers (C. com., art. L. 223-22) :

- des infractions aux dispositions législatives ou réglementaires applicables aux sociétés à responsabilité limitée ;
- des violations statutaires ;
- ainsi que des fautes commises dans leur gestion.

3 Fiscalité

La SARL est normalement soumise à l'IS. Dans les 5 ans qui suivent la création de la société, les associés ont la possibilité d'opter pour l'IR avant que la société commute directement à l'IS.

Les SARL dites « de famille » ont la possibilité d'opter pour le régime fiscal des sociétés de personnes (CGI, art. 239 *bis* AA). Les sociétés de famille sont celles formées « entre personnes parentes en ligne directe ou entre frères et sœurs, ainsi que les conjoints et les partenaires liés par un pacte civil de solidarité » (*BOI-IS-CHAMP-20-20-10-2012*).

Cette option prévue par le Code général des impôts permet aux associés de jouir d'une vraie structure à responsabilité limitée qui présente l'avantage fiscal d'une société de personnes.

4 Causes spécifiques de dissolution

Le Code de commerce prévoit deux cas propres à la SARL dans lesquelles la société est dissoute :

- lorsque la société vient à comprendre plus de ***100 associés***, peu importe que le nombre d'associés soit devenu égal ou inférieur à 100, ou que la société ait fait l'objet d'une transformation à la suite de l'entrée du 101e associé (C. com., art. L. 223-3) ;
- lorsque les capitaux propres de la société deviennent inférieurs à la moitié du capital social (C. com., art. L. 223-42).

Chapitre 13

La forme unipersonnelle de la SARL

L'EURL, SARL à « associé unique » (C. com., art. L. 223-1), est née avec la loi n° 85-697 du 11 juillet 1985 relative à l'entreprise unipersonnelle à responsabilité limitée.

Durant de nombreuses années, l'EURL a concurrencé l'entreprise individuelle (EI), qui n'a connu que ***très tardivement*** (par la loi n° 2010-658 du 15 juin 2010) une forme à responsabilité limitée (l'EIRL).

L'EURL a pour spécificité de pouvoir opter pour l'IS. Elle a également la ***personnalité morale, permettant d'éviter une transmission universelle de patrimoine*** (TUP). Elle offre une protection intégrale du patrimoine de l'entrepreneur grâce à une affectation de celui-ci.

La totalité des dispositions relatives à la SARL est ***applicable*** à l'EURL, avec quelques spécificités, notamment en matière de ***dissolution***.

Comme la SARL, l'EURL connaît un succès moins raisonnant depuis l'introduction dans notre système de la société par actions simplifiée unipersonnelle (SASU) sans capital minimum.

1 Spécificités de fonctionnement

L'article 223-1 du Code de commerce précise que la société à responsabilité limitée dont l'associé unique est une personne physique qui assume personnellement la gérance de la société est soumise à des formalités de publicité allégées – notamment celles prévues par l'***article L. 232-1 du Code de commerce***.

La précision apportée par la loi permet donc à une EURL d'avoir un associé unique personne morale. Néanmoins, comme c'est le cas dans une SARL, ***une personne morale ne peut pas être gérante*** de l'EURL (C. com., art. L. 223-1). Ainsi, une personne morale associée unique de l'EURL ***devra désigner, dans les conditions prévues par une SARL*** et par le biais de son organe décisionnaire, ***une personne physique pour gérer la société***.

Enfin, un point relatif à l'EURL est particulièrement intéressant, concernant les conventions réglementées qui seraient conclues avec l'associé unique personne physique et gérant de la société. Le Code de commerce prévoit que « lorsque la société ne comprend qu'un seul associé et que la convention est conclue avec celui-ci, il en est seulement fait mention au registre des délibérations » (C. com., art. L. 223-19). Toutefois, l'associé unique n'est pas affranchi des dispositions prévues par la ***partie pénale du Code de commerce réservé aux SARL*** (et applicables aux EURL), et notamment de l'infraction d'***abus de biens sociaux***. En décidant le versement d'un salaire ***abusif*** ou ***déraisonnable***, il se rendrait en effet ***coupable du délit*** défini par l'***article L. 241-3 du Code de commerce***.

2 Conséquences de la dissolution

Il convient de souligner tout d'abord que la cessation temporaire d'activité pour une société (la « mise en sommeil ») n'est pas une cause de dissolution ou de liquidation de plein droit. La Cour de cassation a en effet retenu que dans un tel cas la demande judiciaire de dissolution ne constituait ***pas un juste motif*** (*Cass. com., 23 mars 2010, n° 08-22073*).

Ainsi, les dissolutions de droit commun et celles prévues par le Code de commerce aux sociétés commerciales spéciales en forme pluripersonnelle s'appliquent également aux formes unipersonnelles. Toutefois, les formalités pondéreuses et les procédures de dissolution-liquidation applicables aux sociétés pluripersonnelles ne s'appliquent pas aux formes sociales unipersonnelles (v. *infra*).

En revanche, la dissolution de l'EURL, comme celle de la SASU, a des conséquences différentes si les sociétés sont ***détenues par des personnes physiques ou par d'autres sociétés***.

Lorsque la personne physique prend la décision de mettre fin à l'action sociale, ***la dissolution n'opère pas de TUP*** (C. civ., art. 1844-5), sans quoi les notions d'affectation et de protection de l'associé unique se retrouveraient dépourvues de sens.

Lorsque la ***personne morale associée unique*** dissout la société, la transmission universelle de patrimoine est ***automatique*** et emporte avec elle :

- en cas de *boni*, une transmission des actifs de la société ;
- dans le cas inverse, l'intégralité du ***passif*** également (*Cass. soc., 12 janv. 2016, n° 14-21533*).

Il est donc nécessaire d'être précautionneux lors du choix créant une structure à associé unique.

PARTIE 6 Règles générales relatives à la dissolution

Comme pour une création, bien que chaque forme sociale connaisse des spécificités, la dissolution d'une société peut être le fait d'une cause générale ; elle suit alors les règles communes à toutes les sociétés.

Le Code civil dresse une liste de huit causes de dissolution (C. civ., art. 1844-7). La société prend ainsi fin :

« 1° Par l'expiration du temps pour lequel elle a été constituée [...] ;

2° Par la réalisation ou l'extinction de son objet ;

3° Par l'annulation du contrat de société ;

4° Par la dissolution anticipée décidée par les associés ;

5° Par la dissolution anticipée prononcée par le tribunal à la demande d'un associé pour justes motifs, notamment en cas d'inexécution de ses obligations par un associé, ou de mésentente entre associés paralysant le fonctionnement de la société ;

6° Par la dissolution anticipée prononcée par le tribunal dans le cas prévu à l'article 1844-5 ;

7° Par de l'effet d'un jugement ordonnant la clôture de la liquidation judiciaire pour insuffisance d'actif ;
8° Pour toute autre cause prévue par les statuts. »

Chapitre 14

Les causes de dissolution

Les causes de dissolutions peuvent être découpées en trois grandes catégories : les dissolutions de plein droit, les dissolutions qui naissent de décisions d'associés et les décisions judiciaires. La nullité, citée par le 3° de l'article 1844-7 du Code civil, a été traitée dans la première partie (v. supra).

1 Les dissolutions « de plein droit »

L'expression « de plein droit » est attribuable à la chambre commerciale de la Cour de cassation (*Cass. com., 12 nov. 1992, n° 91-10303*). Elle a utilisé cette expression pour l'arrivée au terme de la société, ainsi que pour la réalisation ou l'extinction de l'objet social.

■ *L'arrivée au terme*

L'arrivée au terme de la société est extrêmement rare en pratique. La situation se présente si les associés, par mégarde, laissent la société arriver à son terme sans la proroger ; c'est alors une forme de punition légale qui s'abat sur eux, puisque ***la dissolution et la liquidation sont automatiques.***

Cette cause de dissolution ***était sans exception***. Il avait été jugé qu'une décision de prorogation ultérieure à l'arrivée du terme était inefficace et ne pouvait empêcher la dissolution de la société (*CA Paris, 3e ch., 28 avr. 2000 : Juris-Data n° 2000-116752*).

Néanmoins, la loi n° 2019-744 du 19 juillet 2019 a modifié l'***article 1844-6 du Code civil*** en y ajoutant un alinéa.

Loi n° 2019-744 du 19 juillet 2019 de simplification, de clarification et d'actualisation du droit des sociétés

L'article 4 de la loi n° 2019-744 a prévu une possibilité de proroger la société. Désormais, l'article 1844-6 du Code civil comprend un quatrième alinéa, applicable à toutes les sociétés, qui prévoit que « lorsque la consultation n'a pas eu lieu, le président du tribunal, statuant sur requête à la demande de tout associé ***dans l'année suivant la date d'expiration*** de la société, peut ***constater l'intention des associés de proroger la société*** et autoriser la consultation ***à titre de régularisation dans un délai de 3 mois***, le cas échéant en désignant un mandataire de justice chargé de la provoquer. Si l'existence de la société est prolongée, ***les actes conformes à la loi et aux statuts antérieurs à la prorogation sont réputés réguliers et avoir été accomplis par la société ainsi prorogée*** ».

La procédure ***normale*** de prorogation est prévue par l'***article 1844-6 du Code civil***. Elle doit avoir été décidée :

– « un an au moins avant la date d'expiration de la société » ***et*** « les associés doivent être consultés à l'effet de décider si la société doit être prorogée » ;
– « à l'unanimité des associés, ou, si les statuts le prévoient, à la majorité prévue pour la modification de ceux-ci ».

Le Code civil ajoute qu'« à défaut, tout associé peut demander au président du tribunal, statuant sur requête, la désignation d'un mandataire de justice chargé de provoquer la consultation prévue au deuxième alinéa ».

Si les associés continuent l'activité sans avoir prêté attention à l'arrivée du terme, ils instaurent une ***société créée de fait*** (*Cass. 1re civ., 13 déc. 2005, n° 02-16605*), avec toutes les conséquences que cela implique (v. *supra*).

La prorogation ***ne peut dépasser 99 ans*** (C. com., art. R. 210-2). Si la société n'a pas été prorogée, le greffe du tribunal de commerce dans lequel la société est enregistrée doit ***rayer du RCS*** la société qui est arrivée à son terme si le liquidateur n'a pas effectué les démarches nécessaires (C. com., art. R. 123-124).

Rédaction des statuts

Pour éviter de se retrouver dans une situation de refus de prorogation de la société, il convient d'insérer une clause prévoyant le ***rachat des actions*** (dans une SAS, une SA ou une SCA) ou des parts sociales (dans une SARL) d'un associé refusant la prolongation de la vie de la société.

Intérêt des tiers

La ***dégénérescence*** en société créée de fait protège les tiers, qui peuvent se prévaloir de l'apparence de l'action sociale et donc engager la responsabilité indéfinie et solidaire des dirigeants. De même, les tiers peuvent se prévaloir, lorsqu'ils ont un intérêt, de la dissolution d'une société.

L'expiration de la société est indiquée sur le Kbis. L'obtention d'une copie de l'extrait du Kbis d'une société auprès du tribunal de commerce peut se faire en ligne ou physiquement. Le coût de la procédure varie entre ***2,82 €*** et ***4,01 €***.

■ *La réalisation de l'objet social ou son extinction*

Cette cause de dissolution est issue de la pratique du droit civil et plus particulièrement du ***droit général des contrats***. Le nouvel article 1128 du Code civil ne consacre plus la notion d'objet comme l'ancienne version, qui prévoyait que le contrat devait avoir un « objet certain qui forme la matière de l'engagement » (C. civ., art. 1108 ancien), la notion de « contenu » lui étant finalement préférée. Toutefois, la notion d'***objet*** du contrat (C. civ., art. 1163) est retrouvée dans le Code civil à la partie relative aux « conditions essentielles pour la validité des conventions ».

Le nouveau langage utilisé par l'article intéressant la validité d'un contrat n'a pourtant pas empêché récemment la Cour de cassation de retenir une solution similaire à celle visée par l'article 1108 (*Cass. com., 8 nov. 2016, n° 14-23461*). Les deux notions évoquées par l'article 1844-7 du Code civil doivent cependant être distinguées.

Réalisation de l'objet social	Extinction de l'objet social
Le contrat de société est expiré – Plus simplement, il faut comprendre que la raison pour laquelle la société fut créée a été ***réalisée*** – C'est le cas des sociétés qui sont créées pour poursuivre un but ***précis*** et ***temporaire***	Deux situations sont prévisibles concernant l'extinction de l'objet social : – soit l'objet social disparaît totalement (par exemple, l'activité devient réglementée et par là même inaccessible) ; – soit la réalisation de l'objet devient impossible (*Cass. com., 3 mai 1995, n° 92-18000*) ; cela serait le cas, par exemple, pour toute société dont l'objet social dépend uniquement de la mise en pratique d'un agrément étatique pour exercer certaines activités, et qui aurait perdu cet agrément

2 Les décisions d'associés

Les décisions d'associés relatives à la dissolution d'une société sont prises en règle générale en assemblée générale extraordinaire.

Dissolution anticipée	Dissolution statutaire
– La dissolution anticipée est le reflet de la ***volonté des associés*** de mettre librement fin à l'action sociale ***à tout moment*** – La dissolution anticipée doit satisfaire les règles relatives aux décisions prises en AG prévues pour chaque société (quorum, majorité, etc.) – L'acte de délibération serait frappé de nullité si la décision de dissoudre la société était frauduleuse (*CA Paris, pôle 5, 19 mai 2011, n° 10/08992*) ou avait pour objectif d'échapper à une décision judiciaire (*Cass. com., 3 mai 2012, n° 10-28366*)	– Lors de la création de la société, les associés sont autorisés à insérer dans les statuts une ***cause de dissolution étrangère à l'article 1844-7 du Code civil*** ; cette solution, qui offre une liberté conséquente aux associés, a été reconnue très tôt par la jurisprudence (*Cass. req., 28 nov. 1934 : S. 1935*) – Une telle clause permet, lors de la création d'un groupe de sociétés, de ***fixer des objectifs communs*** qui, s'ils ne sont pas atteints, entraîneraient la dissolution de la société ; l'hypothèse est en pratique applicable à n'importe quelle société dans laquelle les associés souhaiteraient imposer un ***résultat financier*** – Enfin, une clause de dissolution créant un pouvoir unilatéral pour l'***un des associés*** serait licite si elle était de ***bonne foi et organisée par les statuts*** (*Cass. com., 7 janv. 1969 : JCP G 1969, II, 15983*)

3 Les décisions judiciaires

L'annulation et sa conséquence de dissolution-sanction ont été vues aux chapitres 1 et 2 (v. *supra*). Néanmoins, il existe d'autres causes de dissolution judiciaire, telles que la cessation des paiements et le grief légitime d'un associé.

Les dissolutions de sociétés unipersonnelles suivent des règles particulières. Ces modalités ont été détaillées dans la partie relative à l'EURL (v. *supra*).

■ *La liquidation judiciaire*

La liquidation judiciaire n'est pas une « dissolution judiciaire ». La dissolution judiciaire peut intervenir :

- à la suite d'une condamnation pénale de la personne morale ;
- à la demande d'un associé pour un juste motif ;
- à la demande d'un associé qui serait devenu unique et ne souhaiterait pas régulariser la situation de la société ou voir cette dernière continuer d'exister.

La liquidation judiciaire est, depuis la loi n° 2005-845 du 26 juillet 2005, une ***procédure autonome***, dans laquelle la société, en insuffisance d'actif, ne peut faire face à ses dettes. Cela permet au juge de « mettre fin à l'activité de l'entreprise » (C. com., art. L. 640-1).

L'objectif de la liquidation judiciaire est de « réaliser le patrimoine du débiteur par une cession globale ou séparée de ses droits et de ses biens » (C. com., art. L. 640-1).

La finalité d'une société est toujours la continuation de l'activité commerciale. Ainsi, depuis 2005, l'***article L. 640-1 du Code de commerce*** prévoit que la liquidation est ouverte lorsque « le redressement est manifestement impossible ».

La liquidation est donc ouverte à trois conditions (C. com., art. L. 640-4) :

- le débiteur est en cessation de paiements ;
- le redressement est impossible ;
- une procédure de conciliation n'est pas en cours.

L'ouverture de la procédure peut être demandée par le débiteur dans les 45 jours qui suivent la cessation de ces paiements (C. com., art. L. 640-4). Le tribunal peut également être « saisi sur requête du ministère public aux fins d'ouverture de la procédure de liquidation judiciaire » (C. com., art. L. 640-5). Les créanciers peuvent également demander, dans les mêmes conditions que le ministère public (sur assignation), l'ouverture de la procédure (C. com., art. L. 640-5).

Toutefois, des conditions supplémentaires doivent être respectées si le débiteur a cessé son activité professionnelle (C. com., art. L. 640-5).

La saisine d'office par le tribunal n'est plus possible. L'alinéa premier de l'***article L. 635-1 du Code de commerce*** a été abrogé par le Conseil constitutionnel (*Cons. const., 15 nov. 2013, n° 2013-352 QPC*). Le Conseil avait, pour la première fois, considéré que l'auto-saisine « d'office » du tribunal n'était pas de nature à conserver les garanties d'impartialité de la juridiction et était donc contraire à la Constitution. D'autres décisions dans ce sens ont suivi.

Lors de l'ouverture de la procédure, le tribunal désigne un juge-commissaire (C. com., art. L. 641-1), dont le rôle est de veiller à la préservation des intérêts en présence. Dans le même jugement, un liquidateur est désigné (C. com., art. L. 641-1).

L'objectif de la liquidation est l'***apurement du passif***, rendant « exigibles les créances non échues » (C. com., art. L. 643-1).

La liquidation judiciaire s'opère par la « réalisation de l'actif », avec ou sans plan de ***cession***. Ce plan « a pour but d'assurer le maintien d'activités susceptibles d'exploitation autonome » (C. com., art. L. 642-1).

La liquidation simplifiée pour les « petites » et « toutes petites » structures, était apparue lors de la publication de la loi n° 2005-845 du 26 juillet 2005 sur la sauvegarde des entreprises.

Cette procédure devenue obligatoire depuis le 23 novembre 2019 pour les entreprises éligibles (v. *infra*), est plus ***légère, rapide et moins coûteuse***. Néanmoins, elle est « *soumise aux règles de la liquidation judiciaire* » (C. com., art. L. 644-1).

Liquidation simplifiée

Les entreprises concernées par la procédure simplifiée (C. com., art. L. 641-2) :

- ne doivent pas posséder d'immeuble ;
- doivent avoir un nombre de salariés inférieur à 5 ;
- et un total de bilan HT compris entre 300 000 et 750 000 €.

Récemment, la Chambre commerciale de la Cour de cassation (*Cass. com., 2 juin 2021, n° 19-25556*), a réaffirmé sa position par rapport à l'ouverture d'une liquidation simplifiée (*Cass. com., 4 mars 2008, n° 07-10033*), considérant sur le fondement de l'article R. 644-1 du Code de commerce que cette décision doit s'analyser comme ***une mesure d'administration judiciaire non susceptible de recours***.

L'apport de cet arrêt réside toutefois, sans qu'il constitue un excès de pouvoir judiciaire en méconnaissance de la législation en vigueur, dans le fait que le débiteur ayant formé pourvoi, reprochait à la juridiction du fond de ne pas avoir souligné la présence d'un bien immobilier dans son actif. Ledit bien peut donc ne pas « entrer » dans l'actif liquidé lorsque sa situation n'a guère d'incidence sur la procédure (par exclusion légale de type insaisissabilité ou factuellement, par hypothèque). Doctrinalement, ce point est critiquable et appelle à la création d'une voie de recours lorsque la décision s'apparente plausiblement à un excès de pouvoir judicaire.

■ *Le juste motif*

Il s'agit ***d'un*** juste motif, mais le 5° de ***l'article 1844-7 du Code civil*** est au ***pluriel*** car le principe recouvre plusieurs réalités ; les principales d'entre elles, énoncées par le Code civil, sont :

– la mésentente entre associés ;

– l'inexécution des obligations par l'une des parties au contrat de société.

Dans les deux cas, l'action sociale se retrouve ***paralysée*** et la dissolution est ***anticipée***.

L'interprétation par le juge d'un motif paralysant l'activité de la société est ***souveraine*** et s'opère *in concreto*.

« Mésentente »	Inexécution des obligations contractuelles
Il peut s'agir d'une cause ***interne*** à la société ou d'une cause strictement ***extérieure***, comme un conflit d'ordre familial (*Cass. com., 18 déc. 1968 : Bull. civ. IV, n° 370*)	La non-réalisation d'un apport vouant la société à être déficitaire et donc ***rendant partiellement illicite le contenu*** du contrat de société est de nature à caractériser une inexécution des obligations d'un associé (*Cass. req., 11 nov. 1896 : D. 1897*) ; dans le cas d'espèce, il s'agissait d'un apport en ***industrie***

Chapitre 15

Les effets de la dissolution

Les actes décidant la dissolution doivent être déposés en deux exemplaires au greffe du tribunal de commerce du lieu du siège social de la société (C. com., art. R. 123-105).

La liquidation et la dissolution sont deux opérations différentes. Il n'est pas possible de prendre la décision relative à la dissolution en même temps que l'organisation de la liquidation ; ces deux opérations se mettent en place, en effet, en deux étapes.

Enfin, une société dissoute ne peut plus être réinstaurée par la volonté des associés, qui devront créer une nouvelle structure (*Cass. com., 12 nov. 1992, n° 91-10303*).

1 Liquidation des actifs

La société est en ***liquidation*** dès « l'instant de sa dissolution pour quelque cause que ce soit » (C. com., art. L. 237-2). Sur les documents officiels de la société ou les supports de communication, la dénomination sociale doit être suivie de la mention « société en liquidation » (C. com., art. L. 237-2). Lorsque la liquidation n'est pas judiciaire ou est le fait d'une insuffisance d'actif, elle est appelée « liquidation amiable ».

■ Désignation d'un liquidateur et achèvement des affaires sociales

La nomination d'un liquidateur est obligatoire. Ainsi, une délibération par laquelle les associés décideraient unanimement de ne pas nommer de liquidateur mais de partager l'actif et faire face au passif, à hauteur de leur apport, serait frappée de nullité (*Cass. com., 24 oct. 1989 : Bull. civ. IV, n° 257*).

Le liquidateur ne doit pas avoir été frappé d'une interdiction de diriger et gérer (C. com., art. L. 237-4). La nomination du liquidateur doit suivre la procédure de désignation ***prévue par les statuts de la société*** (C. civ., art. 1844-8). Toutefois, il se peut que les statuts n'aient pas prévu les modalités de désignation du liquidateur. Lorsque c'est le cas, selon le type de dissolution (v. *supra*), la nomination incombe (C. civ., art. 1844-8) :

– soit aux associés (par décision d'assemblée) ;

– soit au juge.

Le liquidateur de la société peut être révoqué dans des conditions similaires à sa nomination (C. civ., art. 1844-8). En principe, le liquidateur ne « peut continuer les affaires en cours ou en engager de nouvelles pour les besoins de la liquidation », sauf s'il a été expressément autorisé dans les conditions (jugement ou décision des associés) ayant mené à sa nomination (C. com., art. L. 237-24).

L'***article L. 237-21 du Code de commerce*** impose que le mandat (le pouvoir) donné au liquidateur pour accomplir sa mission n'excède pas 3 années.

Néanmoins, l'***article L. 237-21 du Code de commerce*** prévoit un renouvellement du mandat du liquidateur par les associés ou le président du tribunal de commerce. La demande de renouvellement est formulée par le liquidateur, qui doit indiquer « les raisons pour lesquelles la liquidation n'a pu être clôturée, les mesures qu'il envisage de prendre et les délais que nécessite l'achèvement de la liquidation » (C. com., art. L. 237-21).

■ *Apurement du passif et partage de l'actif*

La nomination du liquidateur retire tout pouvoir aux dirigeants (*Cass. com., 18 janv. 2011, n° 10-11624*). Le liquidateur sera alors « investi des pouvoirs les plus étendus pour réaliser l'actif » (C. com., art. L. 237-24).

<table>
<tr><th></th><th colspan="2">Missions du liquidateur</th></tr>
<tr><th>Missions principales</th><th>Réaliser l'actif</th><th>Régler le passif</th></tr>
<tr><td rowspan="3">Missions subsidiaires permettant l'accomplissement des missions principales</td><td>Après avoir établi un inventaire des actifs :
– recouvrer les créances
– vendre les biens de la société</td><td>– Payer les créanciers
– Rembourser le capital</td></tr>
<tr><th colspan="2">Partager les actifs</th></tr>
<tr><td colspan="2">– Une réduction de capital opérée avant la clôture de la liquidation n'est pas un partage (Cass. com., 23 sept. 2008, n° 07-12493).
Sont considérées comme un partage :
• la restitution des apports concourant à la formation du capital social (excluant donc les apports en industrie)</td></tr>
</table>

	• la répartition du « boni » de liquidation en proportion de leur ***participation au capital social*** (C. com., art. L. 237-29, uniquement dans les sociétés commerciales) – Le partage des actifs nécessite une décision unanime des associés (*Cass. com., 30 mai 2007, n° 05-13851*)

Le liquidateur ***établira les déclarations fiscales nécessaires à la liquidation*** (paiement de la TVA et liquidation des autres taxes et impôts). Il incombera toutefois aux associés de faire leur propre déclaration fiscale à la suite du partage.

La responsabilité du liquidateur peut être engagée envers la ***société*** (*Cass. com., 21 juin 2016, n° 14-26370*) ou envers les ***tiers*** (*Cass. com., 11 juin 2013, n° 12-18853*). C'est le cas lorsqu'il omet d'inclure une créance dont il avait connaissance (*Cass. com., 26 juin 2007, n° 05-20569*). Les actions en responsabilité contre le liquidateur se prescrivent à 3 ans (C. com., art. L. 225-254).

La qualité de liquidateur... et la commission d'une faute de gestion ?

Un arrêt rendu en 2019 par la Cour d'appel de Bourges concernant le liquidateur amiable d'une association avait fait émerger une possible responsabilité en comblement du passif, lorsqu'un déficit était constaté à la clôture de la procédure de liquidation, lors de laquelle un certain laxisme, laissant les opérations de liquidation traîner dans le temps et le passif social de l'association s'accroître. La Cour d'appel retenait que le liquidateur agissait en dirigeant de droit et concluait à sa responsabilité.

La Cour de cassation a confirmé cette position en utilisant le terme « personne morale » et donc en transposant à toute forme sociale la portée de son arrêt. La Chambre commerciale retenait la responsabilité du liquidateur amiable ayant fait preuve d'inertie, ayant omis de déclarer la cessation des paiements ; et ayant contribué à l'insuffisance d'actif de la société (*Cass. com., 21 oct. 2020, n° 18-25909*). Le comportement du liquidateur, avait par la suite débouché sur une liquidation judiciaire. En outre, l'arrêt retenait que les faits d'espèces n'étaient guère de simples « négligences », mais bien des fautes de gestion ; et que l'âge avancé du liquidateur soumis à des problèmes de santé n'était d'aucune justification. Cet arrêt rappel de nouveau le caractère impératif du droit commercial.

Enfin, « la personnalité morale de la société subsiste pour les besoins de la liquidation, jusqu'à la clôture de celle-ci » (C. com., art. L. 237-2).

À la clôture de la liquidation, l'***article L. 237-9 du Code de commerce*** prévoit que « les associés, y compris les titulaires d'actions à dividende prioritaire sans droit de vote, sont convoqués en fin de liquidation pour statuer sur le compte définitif, sur le quitus de la gestion du liquidateur et la décharge de son mandat et pour constater la clôture de la liquidation ». Le quitus ne préserve toutefois pas le liquidateur d'une action portée par les tiers (*CA Paris, 3e ch., 28 mai 1993 : BJS 1993, p. 115*).

2 Publicité

Le Code civil prévoit que « la nomination et la révocation [du liquidateur] ne sont opposables aux tiers qu'à compter de leur publication » (C. civ., art. 1844-8). Cette publication doit se faire dans un JAL (C. com., art. R. 123-170).

Si la société est dissoute de manière ***anticipée***, la décision des associés s'analyse comme une ***modification*** de la durée de la société. Ainsi, la décision doit également faire l'objet d'une publication dans un ***JAL*** (C. com., art. R. 210-9). La dissolution de la société est ensuite publiée au ***RCS***. Ce n'est qu'à partir de ce moment que la dissolution « produit ses effets à l'égard des tiers » (C. com., art. L. 237-2).

C'est en principe le liquidateur qui opère les formalités de ***radiation*** de la société (C. com., art. R. 210-14). Il dispose d'un ***délai d'un mois à compter de la publication de la clôture de la liquidation*** (C. com., art. R. 123-75).

Enfin, le greffe du tribunal de commerce doit ensuite procéder à une insertion au *BODACC* (C. com., art. R. 123-159).

Au même titre que la dissolution et la liquidation ne peuvent être décidées dans une décision unique par les associés, elles ne peuvent faire l'objet d'une seule publication. La jurisprudence a retenu que cela aurait en effet pour ***conséquence indéniable de « diminuer la portée de l'information des tiers »*** (*CA Lyon, 13 juin 1997 : RJDA 1997, n° 1219*).

Les tiers disposent d'un ***droit d'action durant 5 années*** à compter de la publication de la dissolution de la société contre « les associés non liquidateurs ou leurs héritiers et ayants cause » (C. civ., art. 1859).

Récapitulatif de la dissolution

Décision de dissoudre la société
(décision judiciaire ou prise par les associés)

↓

Dépôt des actes décidant la liquidation au greffe du tribunal de commerce *(dans un délai d'un mois)*
+ Publication dans un JAL

↓

Nomination du liquidateur
(pour un maximum de 3 ans, en principe)

↓

Achèvement de l'action sociale
Apurement du passif
Réalisation de l'actif

↓

Clôture de la procédure
+ Radiation du RCS

↓

Partage du boni de liquidation

BIBLIOGRAPHIE

- G. Cornu, *Dictionnaire Juridique*, Quadrige, 13e éd., PUF, 2020.
- T. Lamulle, *Fiscalité des particuliers et des entreprises*, Mémentos, 22e éd., Gualino-Lextenso, 2021.
- B. Hess-Fallon et A.-M. Simon, *Droit des affaires*, 20e éd., Dalloz, Sirey, 2017.
- R. Szramkiewicz et O. Descamps, *Histoire du droit des affaires*, Précis Domat, 3e éd., LGDJ-Lextenso, 2019.
- Service-Public – Professionnels/Entreprises.
- Revue Fiduciaire, FH3793, 23/05/19.
- Étude d'impact du Projet de loi relatif à la croissance et la transformation des entreprises, NOR : ECOT1810669L/Bleue-1 (18 juin 2018).
- Fascicule 1002, JurisClasseur Commercial, LexisNexis.
- Fascicule 12, JurisClasseur CivilCode, LexisNexis.
- Fascicule 71-10, JurisClasseur Sociétés Traité, LexisNexis.

FSC
www.fsc.org
MIXTE
Papier issu de sources responsables
FSC® C022829

IMPRIM'VERT®

Imprimé en France par La Nouvelle Imprimerie Laballery, 58500 Clamecy

Ce produit est composé de matériaux issus de forêts bien gérées certifiées FSC® et d'autres sources contrôlées.

Imprimeur certifié

Achevé d'imprimer en juillet 2021
Numéro d'impression : 107302
Dépôt légal : août 2021